물음표 많은 어린이를 위한
# 미스터리 차일드 클럽
## 03 식물

미스터리 차일드 클럽은

어린이의

어린이에 의한

어린이를 위한

호기심만을

다룹니다.

안녕하세요!
저는 '미스터리 차일드 클럽(미차클)'의 운영자입니다.
클럽에서는 저를 모두 '지니'라고 부릅니다.
'지니어스(천재? 우후~)'의 지니이기도 하고, 램프의 요정의
그 지니이기도 하답니다. 제가 좀 바쁘게 살죠? ^^ 게다가 머릿속엔
늘 물음표가 들어차 있어요. '미차클'을 운영하면서 어린이들의
다양한 호기심을 수집하는 것이 제 취미랍니다.
여러분 머릿속에 물음표가 가득할 때 미차클에 와서
제 이름을 불러 주세요. 그리고 미스터리 의뢰 글에
여러분들이 추측하고 상상하는 걸 댓글로 달아 주세요.
아무리 말도 안 되는 댓글이어도 미차클의 운영에 방해만 안 된다면
우리는 모든 의견을 존중한답니다. 그런 의견들을 서로 나누며
추리해 내는 것이 우리의 놀이나 다름없죠.
우리 어린이들이 알아야 하는 미차클의 상식은 그렇게 탄생합니다!
자! 미스터리 차일드 클럽에 온 걸 환영해요!
이곳에 온 이상 여러분은 나처럼 늘 물음표를 머릿속에 떠올리고 있어야
합니다. 물음표가 많은 사람은 결국 많은 답을 찾아내기 마련이에요.

"모든 의심은 정당하고,
그중 합리적인 질문은 세상을 변화시킨다!"

잊지 말기를!

**추천사**

# 알수록 놀라운 식물 세상 속으로!

감수자 신원섭(서울선린초등학교 교사)

언제나 같은 자리에 소리 없이 있어도 제일 먼저 봄소식을 전하는 건 식물입니다. 꽃샘바람에도 아랑곳없이 등굣길의 개나리는 꽃망울을 터트리지요. 새봄과 함께 새 학기가 시작되면 학생들에게 작은 화분을 하나씩 가져와 기르며 관찰하게 합니다. 밥도 먹지 않는 식물이 쑥쑥 자라는 것은 우리 친구들의 단골 호기심이에요. "식물은 어디서 양분을 얻을까?" 질문을 던져 놓으면 한바탕 토론이 벌어집니다.

> 선생님, 식물은 흙에 심으니까 흙에서 양분을 얻는다고 생각해요.

> 아니에요! 흙에 심어도 물을 안 주면 죽어 버리잖아요. 그러니까 식물은 물에서 양분을 얻는 것이 맞아요!

> 흙에 심어야 싹이 나고 물도 꼭 줘야 하니까, 흙과 물 모두 필요한 거 아닐까요?

여러분들 생각은 어떤가요? 식물은 정말 흙과 물로부터 양분을 얻어서 자랄까요? 흙 없이 물에서 잘 자라는 식물도 있고, 심지어 공기 중에 뿌리를 드러내고 사는 식물도 있어 아리송하기만 합니다. 식물에 대한 다양한 궁금증을 이 책,《미스터리 차일드 클럽 - 03 식물》편에서 풀어 보세요!

　숲이나 산에서 나무 꼭대기를 올려다본 적이 있나요? 지금 위 사진을 한 번 보세요! 윗가지와 이파리들이 다른 나무와 닿지 않은 모습을 볼 수 있습니다. 누가 일부러 가지를 쳐서 길을 낸 것처럼 말이죠. 놀랍게도 나무들 스스로 서로의 공간을 비워서 햇빛이 나무 아래까지 깊숙이 비칠 수 있게 하는 것입니다. 우리가 잘 몰랐지만, 나무들이 서로를 위해 배려하고 있다는 사실을 알 수 있습니다.

　식물 세상이 이처럼 평화롭기만 할 것 같지만, 아닙니다. 동물을 먹이로 삼는 무시무시한 식물도 있고, 다른 식물에 붙어살다가 끝내는 목을 조르듯 죽이는 식물도 있답니다. 알수록 놀라운 식물 세상을 이 책에서 만나 보세요. 친구들이 학교에서 배우게 될 수업과도 연결될 뿐 아니라, 교과서에서 다루지 않은 다양한 식물 상식도 다루고 있어 더욱 유익합니다. 지구 생태계의 밑거름이 되는 식물에 대한 관심과 호기심이 넘쳐나기를 바라며!

미차클에 오신 것을 환영합니다 . 4

추천사_ 알수록 놀라운 식물 세상 속으로! . 6

식물을 가꾸면 병이 낫는다고요? . 12
보너스 상식 원예치료사가 뭐예요? . 17

파리지옥은 모기는 안 먹나요? . 18
보너스 상식 식물이 식물을 먹는다고요? . 23

식물의 잎은 왜 초록색이에요? . 24
보너스 상식 나무의 알록달록 가을 패션 . 29

산소를 내보내는 식물도 숨을 쉬나요? . 30
보너스 상식 산소 배출의 일등공신 . 35

장미에 가시는 왜 있는 거에요? . 36
보너스 상식 내 몸은 내가 지킨다! . 41

식물은 겨울에 뭘 하며 지내요? . 42
보너스 상식 해충 잡는 겨울옷? . 47

| 꽃에서는 왜 향기가 나요? | .48 |
| 보너스 상식 | 잎에서도 향이 나요! | .53 |

| 나이테로 정말 나이를 알 수 있어요? | .54 |
| 보너스 상식 | 나무는 자연의 역사책 | .59 |

| 낙엽이 지는 이유는 뭘까요? | .60 |
| 보너스 상식 | 늘 푸른 소나무의 비밀! | .65 |

| 숲은 왜 피톤치드를 내뿜어요? | .66 |
| 보너스 상식 | 덜 익은 열매는 왜 떫을까? | .71 |

| 달맞이꽃은 왜 밤에 피어요? | .72 |
| 보너스 상식 | 눈밭이라도 좋아, 부지런한 식물들! | .77 |

| 대나무는 왜 속이 텅 비었을까요? | .78 |
| 보너스 상식 | 신비로운 대나무 꽃?! | .83 |

| 식물도 아픔을 느낄 수 있나요? | .84 |
| 보너스 상식 | 식물은 클래식 음악을 좋아해! | .89 |

| 땅속에 있는 감자가 줄기라고요? | .90 |
| 보너스 상식 | 감자가 인류를 구했다고?! | .95 |

| 가지치기는 왜 하는 거예요? | .96 |
| 보너스 상식 | 별난 기록의 나무들 | .101 |

씨앗은행은 어떤 곳이에요?  · 102
보너스 상식 스발바르 국제종자저장고를 아시나요?  · 107

선인장은 물 없는 사막에서 어떻게 살아요?  · 108
보너스 상식 고산 지대의 식물들  · 113

버섯의 정체는 도대체 뭘까요?  · 114
보너스 상식 미역은 식물일까?!  · 119

개구리밥은 정말 개구리의 밥인가요?  · 120
보너스 상식 물이 좋아 물에 사는 식물들  · 125

밤은 열매일까요, 씨앗일까요?  · 126
보너스 상식 겉씨식물보다 속씨식물이 많은 이유?  · 131

가로수에 알맞은 나무들이 따로 있나요?  · 132
보너스 상식 도시를 식히는 커다란 양산  · 137

채소를 왜 색깔별로 먹어야 해요?  · 138
보너스 상식 꽃을 먹는다고요?!  · 143

담쟁이는 왜 벽에 붙어 기어올라요?  · 144
보너스 상식 덩굴식물도 '갈등'한다?!  · 149

불로초가 정말 있을까요?  · 150
보너스 상식 식물의 도움을 받고 살아요!  · 155

식물도 밤에 잠을 자나요? . 156
**보너스 상식** 식물과 빛 공해 . 161

유전자 변형 콩이 뭐예요? . 162
**보너스 상식** 식물로 고기를 만든다고?! . 167

식물을 치료하는 의사도 있나요? . 168
**보너스 상식** 화분 병원이 있다고요?! . 173

어버이날엔 왜 꼭 카네이션을 선물해요? . 174
**보너스 상식** 할미꽃 전설 . 179

반려식물로 뭐가 좋을까요? . 180
**보너스 상식** 작고 귀여운 다육이 키우기! . 185

식목일은 왜 필요한 거예요? . 186
**보너스 상식** 케냐의 숲을 살린 '왕가리 마타이' . 191

# 식물을 가꾸면 병이 낫는다고요?

**미스터리 의뢰자**
할매걱정 님

　**지니** 님! 우리 할머니는 텃밭 가꾸기를 즐겨 하세요. 한번 텃밭에 나가면 시간 가는 줄을 모르신대요. 잡초도 뽑아야 하고, 물도 줘야 하고, 할 일이 어마어마하게 많대요. 제가 그런 힘든 일을 왜 하냐고 물으면 할머니는 이렇게 말씀하세요. "텃밭을 가꿀 땐 이런저런 근심도 다 잊고 여기저기 쑤시던 몸도 안 아프단다. 식물이 병을 낫게 하지!" **지니** 님! 정말인가요? 식물을 가꾸면 정말 병이 낫나요? 우리 할머니, 텃밭 가꾸기 계속해도 괜찮을까요?

## 미스터리한 댓글 쓰기

 **의심병환자** 님 _ 할머니는 거짓말쟁이~! 식물이 뭐 의사라도 돼요? 텃밭이 뭐 약국이고 병원인가? 어디서 놀다 오시는 거 아니에요?

 **할매걱정** 님 _ 헐~! 매일 밥상에 할머니가 텃밭에서 키운 채소 반찬이 올라온다고요! 채소들이 혼자서 쑥쑥 자라나요?

 **의심병환자** 님 _ 뭐 마트에서 사 오시나 보죠! ㅋㅋㅋ

 **할매걱정** 님 _ 헐~! **의심병환자** 님은 닉네임 그대로 남을 의심하는 게 병이 됐나 봐요!

 **알프스소녀** 님 _ 식물이 병을 낫게 하는 거 맞아요! 제가 직접 경험했어요. 도시에 사는 클라라 집에 갔을 때는 없던 병도 생겼는데, 울창한 숲의 알프스로 돌아오니 금방 건강을 되찾았답니다! 걷지 못하던 클라라도 알프스에 와서 휠체어 없이 걷게 됐고요!

 **할매걱정** 님 _ 혹시 제가 아는 동화책 <알프스 소녀 하이디>의 하이디가 맞나요? 알프스 산맥에 살다니 님 좀 짱인듯!

 **의심병환자** 님 _ ㄱㅋ 자기가 알프스 소녀 하이디래! 그럼 나는 <오즈의 마법사>의 마법사 오즈다!

 **알프스소녀** 님 _ 그냥 재밌자고 한 소리거든요! -_-;;

 **할배걱정** 님 _ 와! 우리 할아버지랑 똑같네요. 우리 할아버지는 정원을 돌보느라 온종일 꽃과 나무들 사이에서 사신답니다. 그때가 제일 행복하시대요! 그래도 오래 바깥에 계시는 건 좀 걱정돼요. ㅠㅠ

할매걱정 님 _ 우리 할머니도 텃밭에 있을 때가 제일 행복하시대요! 완전 신기! 정말 식물이 기분을 좋게 하나 봐요!

 의심병환자 님 _ 헐! 여기 거짓말쟁이 또 있네! 말도 못하고 움직이지도 못하는 식물이 뭐라고 사람을 행복하게 해요?

 할매걱정 님 _ 참으려고 했는데, 도저히 못 참겠네요. 지니 님! 의심병환자 님을 신고합니다! -_-;;

* * * 의심병환자 님! 남을 존중하지 않는 태도로 글쓰기 권한이 박탈되었습니다! * * *

 초록이 님 _ 저도 어디선가 들었는데 원예치료라고 있대요. 여러 가지 식물을 키우고 돌보면 아픈 사람도 통증이 줄어드는 걸 느낀대요. 우울증이나 산만함을 치료하는 데도 효과적이라고 들었어요.

 할매걱정 님 _ 원예치료요? 우리 할머니는 누가 시킨 것도 아닌데 스스로를 치료하고 계셨던 거네요? 우와! 할머니 짱!!!

### 지니의 미스터리 해결

할매걱정 님, 정말 착한 손주예요! 할머니께서 무리만 안 하시면 괜찮아요. 괜한 걱정에 텃밭 가꾸는 일을 못 하게 말리면 오히려 더 편찮으실지도 몰라요. 저도 베란다에서 식물을 키우는데, 밝은 햇살 아래에서 식물들을 돌보고 있으면 저절로 행복해진답니다!

그럼 오늘 저녁은..

✱ **초록이** 님 말처럼 '원예치료'라는 것이 있답니다. 꽃, 나무, 채소 등의 식물을 심고 가꾸고 열매를 수확하는 행동을 통해 몸과 마음의 병을 치료하는 데 도움을 받는 것이랍니다.

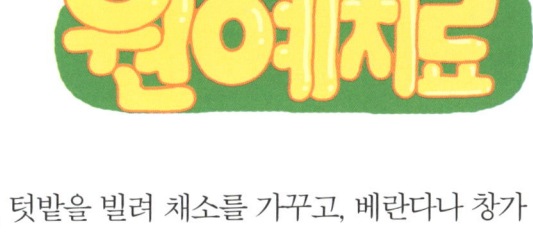

✱ 주말마다 캠핑을 가고, 텃밭을 빌려 채소를 가꾸고, 베란다나 창가에 화분을 놓고 돌보는 것은 어쩌면 본능이라고 할 수 있습니다. 아주 오래전부터 인간은 자연 속에서 살아왔기 때문이죠.

✱ 알츠하이머병(치매) 환자들은 신발 끈을 매는 방법이나 가전제품 조작 방법 등을 잊어버리기 일쑤이죠. 그런데 그 환자들에게 어린 나무(묘목)를 심게 해 봤는데, 모두 어떻게 해야 하는지 정확히 알고 나무를 제대로 심었답니다. 오랜 세월 동안 자연과 더불어 살아 왔기 때문에 가능한 일이죠.

✱ 실제로 원예 활동은 삽으로 땅을 파는 행동을 비롯해 우리 몸의 큰 근육을 움직이게 합니다. 또한 손가락으로 잡초를 뽑거나, 씨앗을 쥐고, 열매를 수확하는 등의 행동도 작은 근육을 움직이게 하지요.

✽ 게다가 햇볕을 쪼이며 신선한 공기를 들이마시는 야외 활동은 우리의 뇌를 자극하고 몸의 흐름을 원활하게 하여 결과적으로 면역력을 올려 줍니다.

✽ 또한 계획을 세워 무슨 씨를 심을지 고르고, 건강하게 자라도록 관찰하고, 열매를 맺게 해 그것을 거두는 행동은 새로운 지식과 기술을 배우게 하고 집중력을 향상시킵니다. 산만함으로 학습에 어려움을 겪는 어린이와 청소년들에게도 효과적이라고 하는군요.

✽ 이렇듯 식물을 가꾸는 일은 스트레스와 우울감을 줄이고, 성취감과 자존감을 높인다고 하니 **알프스소녀** 님의 말처럼 잃었던 건강을 되찾는 데 큰 도움이 되겠지요.

✽ **의심병환자** 님! 반말 사용과 남을 존중하지 않는 행위는 해서는 안 됩니다. 글쓰기 권한은 한 달 후에 다시 발생합니다.

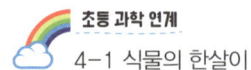

# 원예치료사가 뭐예요?

    몇 해 전 서울시는 홀로 사는 할아버지 할머니들께 '반려식물'을 선물한 적이 있습니다. 혼자 사시는 어르신들은 우울감과 외로움을 느끼기 마련인데요. 선물로 받은 반려식물을 돌보며 이러한 부정적인 감정을 많이 떨쳐 냈다고 합니다.

    이때 식물을 돌보는 방법을 알려주며 이를 통해 마음의 안정감을 찾도록 도움을 준 사람들이 원예치료사입니다.

    원예치료사는 기본적으로 식물을 가꾸는 일에 대해 지식과 기술을 갖고 있어야 한답니다. 그리고 상담심리학, 정신의학, 사회복지학, 재활의학 등에 대해서도 폭넓게 알고 있어야 해요. 사회복지시설이나 병원, 보건소, 학교, 요양원 등에서 활동하며 사람들의 삶의 질을 높이는 데 힘쓰기 때문입니다.

    남달리 식물을 사랑하는 미차클 어린이가 있다면 미래의 직업으로 한번 도전해 볼 만하겠죠? ^^

# 파리지옥은 모기는 안 먹나요?

**미스터리 의뢰자**
**식욕부진** 님

곤충을 잡아먹는다는 식충식물, 다들 아시죠? 저는 그중에 파리지옥이 가장 좋아요. 파리를 순식간에 옴짝달싹 못하게 가둬 버리는 영상을 보고 매력에 흠뻑 빠졌답니다. 그래서 며칠 전부터 키우기 시작했는데 녀석이 곤충을 잡아먹는 모습을 도통 볼 수 없어요. 모기를 잡아서 줘도 잎을 다물지 않아요. 설마 파리지옥은 파리만 먹나요? 모기도 곤충인데 왜 안 먹는 걸까요? 우리 파리지옥 굶어 죽으면 어떡해요? 그래서인지 저도 입맛이 없네요. ㅠㅠ

**곤충맛31** 님 _ 왜 파리지옥이겠어요? 파리가 들어가면 빠져나올 수 없는 지옥 같아서 파리지옥 아니겠어요? 모기는 왠지 피 맛도 나고 먹을 게 별로 없을 거 같고, 거미는 왠지 씁쓸할 거 같고, 개미는 시큼할 거 같은데……. 뭐 파리지옥한텐 파리가 제일 맛있나 보죠!

**식욕부진** 님 _ 우웩! 혹시 **곤충맛31** 님, <미스터리 차일드 클럽 – 동물 편>의 **피맛31** 님 혹시 아니에요? 모기가 딸기 맛 피를 좋아한다고 하던 그 분?

**곤충맛31** 님 _ 헉! 닉네임 바꾼 거 들켜 버렸네요! ㅠㅠ

**식욕부진** 님 _ ㅋㅋㅋ 반가워요! 그런데 설마 파리지옥이 곤충들 맛도 구별할까요? 맛까지 구별하면 미식가 파리지옥이네요!

**괜히봤어** 님 _ 저는 파리지옥이 개구리 잡아먹는 영상도 봤어요. 꽉 물고 놓아 주지 않는 모습이 아주 오싹했답니다! 문제는 그 영상이 자꾸 생각난다는 거예요! 괜히 봤어……. ㅠㅠ

**식욕부진** 님 _ 헉, 정말요? 곤충만 먹는 게 아니라니, 식물이 동물처럼 느껴져요! 후덜덜!!

**괜히봤어** 님 _ 그래서 '식충식물'을 '녹색동물'이라고도 한대요. 물론 식물이긴 하지만요.

**식욕부진** 님 _ 이쯤 되면 식물이 아닌 거 아니에요?

**괜히봤어** 님 _ 그런가요? 헐, 헷갈리네요. 아무튼 괜히 봤어!!! @.@

 **대식좌** 님 _ 모기처럼 작은 곤충은 파리지옥이 잎을 닫는 데 쓰는 에너지에 비해 영양이 훨씬 적다고 해요. 속담처럼 "간에 기별도 안 간다."는 거죠. 저도 그래요. 일단 밥은 세 공기쯤 먹어 줘야죠!

 **소식좌** 님 _ 헉, 정말요? 저는 반 공기도 많던데……. 저한테 알맞은 양은 반에 반 공기! 그것도 충분히 배부르답니다! ^^;

 **식욕부진** 님 _ 두 분 다 어린이들에게 알맞은 밥의 양은 아닌 것 같네요! ^^;;;

**지니의 미스터리 해결**

**식욕부진** 님, 좋아하는 사람이 아무것도 못 먹으면 덩달아 식욕이 없어지는 분인가 봅니다. 그래서 파리지옥한테 더 신경이 쓰이나 봐요. 하지만 걱정 마세요. 파리지옥은 광합성을 하니까요! 햇빛이 잘 드는 창가에 놓아 주고, 물도 자주 주고, 지금처럼만 관심을 보이면 파리지옥이 굶어 죽는 일은 없을 거예요.

＊ 파리지옥처럼 곤충을 먹고 사는 식물을 식충식물이라고 합니다. 그런데 꼭 곤충만 먹는 것은 아니고, **괜히봤어** 님의 말처럼 가끔 작은 개구리나 애벌레 등도 먹기에 '녹색동물'이라고 부르기도 한답니다.

＊ 하지만 파리지옥은 식물이 맞습니다. 동물과 달리 한 자리에 가만히 있으면서 먹이가 다가오기를 기다려야 하고, 여느 식물처럼 햇빛을 이용해 광합성을 하며 스스로 양분을 만들어 내기 때문이죠.

＊ 파리지옥의 잎(포충엽)은 마치 주둥이처럼 생겼습니다. 먹이가 안으로 들어오면 가장자리에 나

있는 이빨처럼 생긴 털들이 거의 일 초 만에 꽉 맞물려 닫히며 먹이가 탈출하지 못하게 막습니다. 그리고 천천히 소화액을 내뿜어 녹여 먹지요. 파리는 소화하는 데 3일 정도가 걸린다는군요.

＊ **대식좌** 님의 말처럼 파리지옥은 잎을 닫는 데 에너지를 많이 사용합니다. 그래서 모기처럼 작은 것에는 반응하지 않죠. 잎 안쪽을 자세히 보면 미세한 털 세 쌍이 나 있는데, 그것들이 먹이의 크기를 가늠합니다. 30초 안에 세 쌍의 털을 두 번 자극하거나 하나의 털을 일정한 힘을 주어 자극해야 잎을 닫는데, 이는 에너지를 낭비하지 않고 신중히 먹이를 잡기 위해서랍니다.

\* 벌레잡이통풀인 네펜테스는 주머니(포충낭)로 사냥합니다. 네펜테스가 풍기는 달콤한 향기를 맡고 다가온 곤충은 쉽사리 밖으로 빠져나가지 못합니다. 주머니의 길이가 30센티미터나 되고 안쪽 벽이 몹시 미끄럽기 때문이죠.

\* 물에서 생활하는 통발도 주머니로 벌레를 잡습니다. 일부 잎들이 주머니로 변한 것으로, 주머니 끝에 미세한 촉수가 달려 있습니다. 장구벌레나 물벼룩이 촉수를 건드리면 순식간에 주머니 안으로 빨려 들어가지요.

\* 끈끈이주걱은 주걱처럼 생긴 잎에 가느다란 샘털이 많이 나 있어요. 샘털에는 끈끈한 액체가 이슬방울처럼 맺혀 있는데, 여기에 곤충이 달라붙으면 잎을 오므려서 붙잡는답니다.

\* 식충식물은 어쩌다가 동물처럼 덫을 놓아 사냥하게 된 것일까요? 그 이유는 살고 있는 곳이 습지 같은 척박한 땅이기 때문이에요. 그래서 비옥한 흙에서 얻을 수 있는 미네랄 같은 영양분을 사냥을 통해 얻는답니다!

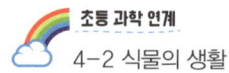

# 식물이 식물을 먹는다고요?

이게 무슨 소리인지 궁금할 거예요. 바로 '기생 식물'을 말해요. 기생은 남에게 의지해 사는 것을 뜻하는데, 바로 다른 식물의 몸에 기대어 영양분을 빼앗아 먹는 식물이 있답니다.

* **라플레시아** _ 세상에서 가장 큰 꽃입니다. 지름이 1미터에 무게도 10킬로그램이나 나갑니다. 덩굴식물에 기생해 영양분을 흡수하고 꽃을 피운다는군요. 꽃에서 고약한 냄새가 나는데, 이 냄새에 이끌려 온 파리가 꽃가루를 묻혀 번식시킨답니다.

* **교살무화과나무** _ 열대 우림에 사는 이 나무는, 새가 열매를 먹고 주변 나무줄기에 씨를 배설하면 그 자리에 싹을 틔우고 영양분을 얻어 기생한답니다. 원래의 나무를 감싸 오르며 무럭무럭 자라다가 결국은 목을 조르듯 수분을 다 빼앗아 죽게 한다는군요! 교살(목을 졸라 죽임)이란 이름처럼 정말 무시무시하죠?!

* **새삼** _ 광합성을 하지 않기 때문에 잎이 거의 없답니다. 기생할 식물을 찾으면 그 식물에 뿌리를 내려 영양분을 얻는다고 해요.

# 식물의 잎은 왜 초록색이에요?

**미스터리 의뢰자**
**그린하우스** 님

저는 노란색이 제일 좋아요. 개나리꽃처럼 샛노란 색을 보고 있으면 기분이 상큼해져요. 그런데 엄마는 초록색이 제일 좋대요. 커튼도 초록색, 가방도 초록색, 심지어 행주까지! ^^;; 초록색 식물이 베란다를 꽉 채운 건 말할 것도 없고요. 집이 온통 초록이랍니다! 엄마는 초록색 화초들을 보고 있으면 마음이 편안하대요. 그러고 보니 식물의 잎은 대부분 초록색이네요. 이상하죠? 꽃은 알록달록 여러 가지 색인데, 왜 식물의 잎만 대부분 초록색인 걸까요?

미스터리한 댓글 쓰기

**무던이** 님 _ 상상해 보세요. 산이 빨간색이나 검은색이라면? 님의 집이 그린하우스가 아니고 레드나 옐로하우스라면? 식물도 튀는 거 없이 무난한 색이어야 동물들이 좋아하지 않을까요? 엄마가 그러는데 성격이 까칠하지 않고 무던해야 친구가 생기는 거래요.

**그린하우스** 님 _ 저는 옐로하우스 대찬성! 에너지 뿜뿜이잖아요~! 게다가 저는 튀는 거 좋아해도 친구 많거든요! 그런데 산이 빨강이나 검정이라고 상상하면, 윽! 무서울 거 같긴 하네요.

**블랙** 님 _ 저는 검은색을 좋아해서 옷부터 모자, 마스크까지 전부 검은색으로 맞춰요. 그래서 친구들이 저만 보면 겁을 먹는 걸까요? 성격은 엄청 수더분한데…….

**초록의힘** 님 _ 초록색은 평화, 휴식, 희망, 건강, 자연, 생명 등의 느낌을 준대요. 초록색을 좋아하지 않더라도 싫어하는 사람은 못 본 거 같아요. 이게 초록의 힘 아닐까요? 식물도 그걸 아나 봐요.

**그린하우스** 님 _ 맞아요. 초록색 식물은 정말 생명력이 강한 것 같아요. 시멘트 틈에서 자라난 민들레를 본 적이 있거든요. 작고 여려 보이는 씨앗이 커다란 나무가 되는 것만 봐도 그렇죠.

**과학적추리** 님 _ 여러분, **그린하우스** 님은 식물의 힘이나 초록색이 주는 느낌을 물어본 게 아니지 않습니까? 분명히 식물의 잎이 왜 초록색이냐고 물어봤습니다. 초록색 색소가 많으니까 그렇게 보이는 거 아니겠습니까? 과학적 추리란 이런 것이지 말입니다!

**그린하우스** 님 _ 오! 그렇군요! 색소! 그런데 어떤 색소죠? 그리고 말투가 군인 같은데, 맞아요? 이것도 과학적 추리죠?

**과학적추리** 님 _ 저는 추리까지만 하고 답은 맞히지 않습니다! 군인 맞습니다! 충성! 휴가 나와서 제가 어릴 적 놀던 미차글에 들어와 본 것이지 말입니다. 그린하우스 님, 날카로운 추리이지 말입니다.

**으른의맛** 님 _ 움, 그건 동글동글한 녹색 알갱이인 엽록소가 많기 때문이에요. 아무튼 채소를 짜낸 녹즙을 먹어 봤는데, 엽록소는 '으른의 맛'이었어요.

**그린하우스** 님 _ 엽록소가 녹색이군요! 저도 '으른의 맛' 알아요. '으른'이 '어른'이잖아요. 우리 엄마도 녹즙 자주 해 주시거든요. 시큼 텁텁 쌉쌀한 게 난 딱 좋던데요! 나 다 컸나 봐~!

### 지니의 미스터리 해결

**그린하우스** 님! 초록 식물이 가득한 베란다가 눈앞에 그려지는 듯합니다. 작은 비밀의 정원에 들어온 느낌이겠지요. **초록의힘** 님 말처럼 초록색에는 우리의 마음을 편안하게 해 주는 어떤 힘이 있는 것 같습니다. 그래서 사람들이 휴일만 되면 등산을 하고 캠핑을 하고 정원을 가꾸며 에너지를 재충전하는 것이겠죠!

* **과학적추리** 님의 말처럼, 질문을 잘 보면 추리가 더 쉬워질 수 있습니다. 우리가 어떤 점을 궁금해하는지 잘 짚어 낸다면, 때로는 질문에서 답이 보일 때도 있답니다. **그린하우스** 님의 질문을 들여다보면 식물의 '잎'만 유난히 초록색인 것을 알 수 있습니다. 자, '잎'에 무언가 해답이 있을 것 같군요!

* 식물의 대표적인 특징은 한 자리에서 움직이지 않으며, 광합성을 해 스스로 영양분을 만들어 낸다는 것입니다. 광합성은 햇빛을 이용해 뿌리로 빨아들인 물과 잎의 기공(숨구멍)으로 받아들인 이산화탄소를 포도당과 산소로 만들어 내는 일을 말합니다.

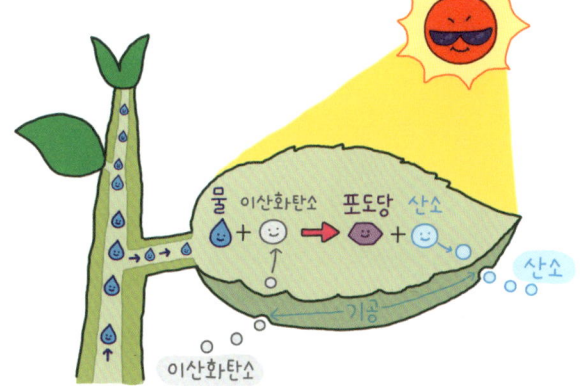

* 이렇게 해서 만들어진 포도당은 식물의 곳곳에 저장되어 에너지로 쓰이고 산소는 기공을 통해 공기 중으로 내놓습니다. 이러한 광합성은 주로 잎에 있는 엽록체에서 이루어지는데요. 그중 엽록소가 햇빛을 받아들이는 일을 합니다.

✶ 햇빛은 적외선, 자외선, 가시광선(사람의 눈으로 볼 수 있는 빛) 등으로 이루어졌습니다. 엽록소는 그중 가시광선의 빨간색과 파란색을 받아들여 에너지를 만드는 데 쓰고, 초록색은 반사시키거나

통과시킵니다. 그래서 우리 눈에는 엽록소가 초록색으로 보이는 것이랍니다. 이렇듯 우리가 인식하는 물체의 색은 반사 혹은 통과되어 나온 가시광선의 일부입니다.

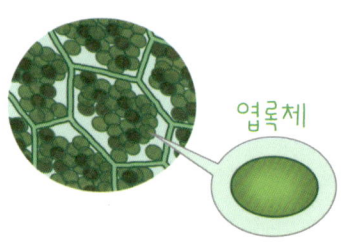

✶ 전자현미경으로 식물의 잎을 확대해 보면 초록색의 작은 알갱이들을 볼 수 있는데, 그것이 엽록체입니다. 엽록체 안에 자연의 천연 색소인 엽록소가 들어 있는 것이죠.

✶ **무던이** 님과 **블랙** 님, 성격이 까칠해 보이거나 좀 튀는 스타일은 사람들이 어려워하기 마련이죠. 하지만 겉으로 보는 모습과 진짜 그 사람의 속마음은 다른 경우도 많답니다. ^^

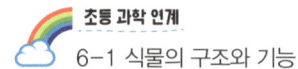

6-1 식물의 구조와 기능

# 나무의 알록달록 가을 패션

 미챠클 여러분, 계절이 바뀌면 여러분도 입는 옷이 바뀌지요? 겨울에는 두터운 점퍼와 내복까지 껴입다가도, 봄이 오면 내복을 벗고 가벼운 재킷을 걸치게 되지요. 여름이 되면 소매나 바짓단이 훌쩍 짧아졌다가 가을에는 쌀쌀해진 날씨에 다시 긴 소매와 재킷을 꺼내 입지요.

 나무도 마찬가지랍니다. 계절이 변화할 때마다 옷을 갈아입으니까요. 그 중 가을에는 나무의 패션이 가장 화려해진답니다. 노랑, 주황, 갈색, 붉은색 등 울긋불긋 알록달록한 색의 나뭇잎들로 자신을 꾸미지요. 그런데 여름철만 해도 짙푸른 초록색이던 나뭇잎이 왜 이렇게 변하는 걸까요?

 그것은 나뭇잎에 있는 엽록소가 변하기 때문입니다. 겨울을 견디고 봄이 오면 나무는 새싹을 틔우죠. 새싹 안의 엽록소는 여름이 다가올수록 그 수를 늘리고 점점 진한 초록색이 됩니다. 햇빛이 오랜 시간 강하게 비추는 여름에는 광합성을 많이 해야 하거든요.

 그러다가 서서히 햇빛이 줄어드는 가을이 오면 그 많던 엽록소도 줄어들고 옅어집니다. 그리고 원래 잎에 있던 다른 색소나 새로 만들어지는 색소들이 자신을 뽐내게 되지요. 그 색소들은 붉거나 노랗거나 주홍빛입니다. 바로 '단풍'이 드는 거예요! 나무의 가을 패션은 단풍으로 완성된답니다! ^^

# 산소를 내보내는 식물도 숨을 쉬나요?

**미스터리 의뢰자**

**산소마스크** 님

　지구상의 모든 생물은 숨을 쉬어야 살 수 있잖아요? 맞죠? 자세히 말하면 지구상의 모든 생물은 산소가 필요한 거죠. 그런데 나무는 광합성을 통해 만들어진 산소를 뱉어 낸다고 들었어요. 모든 생물에게 그토록 중요한 산소를 나무는 오히려 내보낸다니 정말 놀랍지 않아요? 산소를 내보내는 식물도 숨을 쉬는 거 맞나요? 나무는 산소 없이 살 수 있다는 건가요? 여기까지 생각하니 산소가 부족한 것처럼 머리가 아파 오네요. ㅠㅠ 산소마스크처럼 상쾌한 댓글 부탁해요!!

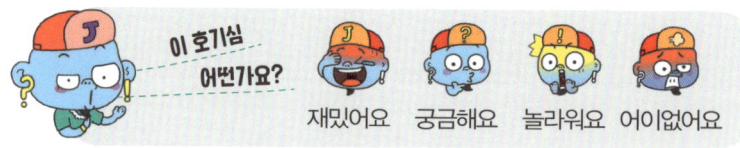

**식물이동물이냐?** 님 _ 정말요? 나무도 숨을 쉬어요? 식물도 폐나 아가미 같은 게 있나요? 그럼 뭐 위나 소장 같은 소화기관도 있고 심장도 있겠네요! 에이~ 식물이 뭐 동물인가요? 말도 안 돼요~~~!

**산소마스크** 님 _ 하지만 생물은 다 숨을 쉬잖아요. 산소가 있어야 영양분을 태워 에너지를 만들 수 있는 거 아니에요?

**식물이동물이냐?** 님 _ 에이~ 뭐 식물이 동물인가요? 가만히 아무 일도 안 하는데 에너지가 필요해요? 말도 안 돼요~~~!

**말이됩니다** 님 _ 아무 일도 안 하다뇨. 다른 생물이 숨 쉴 수 있게 하는데, 그게 얼마나 큰일이에요. 아주 말이 되게 큰일이지요! ^^;;

**그건그거이건이거** 님 _ 산소를 뱉는 건 광합성 때문이잖아요. 광합성은 광합성이고, 숨 쉬는 건 숨 쉬는 거죠. 식물도 숨을 쉴 때는 산소를 들이쉬고 이산화탄소를 내쉰답니다. 그건 그거고, 이건 이거예요.

**산소마스크** 님 _ 역시 그런가요? 산소를 내뱉는다고 해서 필요 없는 줄 알았어요. ^^;; 역시 지구의 모든 생물은 산소가 필요하군요!

**세상은요지경** 님 _ 아니에요~. 산소 없이 살 수 있는 미생물이 발견됐다던데요? 신기하죠? 우리 할머니가 이런 말씀을 자주 하세요. 세상은 살수록 요지경이라고요!

**식물이왕 님** _ 식물은 주로 밤에 숨을 쉬어요. 햇빛이 있는 낮에는 광합성을 주로 하고, 밤에는 광합성을 멈추고 산소를 들이마시죠. 그래야 식물도 그동안 만들어 놓은 영양분과 산소를 결합해 에너지로 만들 수 있어요.

**산소마스크 님** _ 오! 주로 밤에 산소를 들이마시는군요? 흠, 이제야 알겠어요. 그런데 닉네임이 왜 '식물이왕'이에요? 동물이 더 발달된 생물 아닌가요?

**식물이왕 님** _ 저는 식물이 지구 생물의 왕이라고 생각합니다. 스스로 영양분을 만들어 초식동물과 사람들에게 먹이로 내어 주잖아요. 식물 없이 동물이 살 수 있겠어요? 그러니까 식물이 지구 생물의 왕이죠!

**산소마스크 님** _ 움, 뭐 그렇게 생각할 수도 있겠네요! ^^

## 지니의 미스터리 해결

**산소마스크** 님, 미스터리 의뢰가 어느 정도 해결이 된 것 같군요. 아픈 머리가 신선한 산소를 마신 것처럼 좀 상쾌해졌나요? ^^ 여기서 잠깐! 나무는 우두커니 서서 아무것도 안 하는 것처럼 보일 때가 있지만, 봄날 나뭇가지의 새싹들을 관찰해 보면 여러분처럼 하루가 다르게 무럭무럭 자라는 걸 볼 수 있답니다!

\* **식물이동물이냐?** 님의 말처럼 식물과 동물은 큰 차이가 있지만, 식물도 분명히 호흡과 순환에 필요한 조직을 갖추고 있어요. 호흡만 보자면, 식물은 주로 잎 뒷면에 난 기공(숨구멍)으로 숨을 쉽니다. 잎의 앞면은 매끈하고 단단한 막으로 덮여 있어서 수분이 빠져나가는 것을 막아 주고 엽록소가 많아서 뒷면보다 진한 초록빛을 띱니다.

\* 식물은 낮에 주로 이산화탄소를 빨아들이고 산소를 내뱉어요. 광합성을 위해서죠. 이산화탄소와 산소란 말이 있어 호흡과 헷갈리지만, **그건그거이건이거** 님의 말처럼 광합성과 호흡을 구분해야 합니다.

\* **식물이왕** 님의 말처럼 식물은 밤에 주로 호흡을 합니다. 물론 낮에도 호흡을 하지만 이때 빨아들인 산소는 광합성으로 내보내는 산소보다 양이 훨씬 적답니다. 밤에는 햇빛이 없어 광합성을 하지 않으니, 산소를 빨아들이고 이산화탄소를 내보내는 호흡만 하고요.

❋ 기공은 호흡 말고도 수증기를 내뿜어 식물의 수분과 온도를 일정하게 유지하는 일도 합니다(증산작용). 물이 부족하면 뿌리가 물을 잘 빨아들이게 하고, 반대로 물이 너무 많으면 물을 내보내는 일을 하는 것이지요. 기공을 통해 물이 증발되면 식물의 열이 식어서 온도 조절도 함께 됩니다. 이렇듯 기공은 주변의 빛과 온도, 습도에 따라 열리기도 하고 닫히기도 합니다.

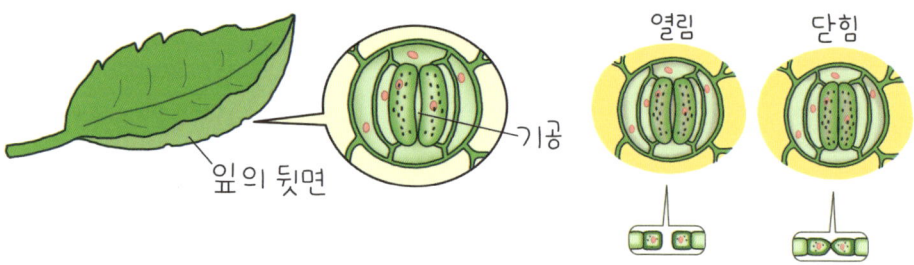

❋ **말이됩니다** 님과 **식물이왕** 님의 말처럼 식물은 생물이 숨을 쉬는 데 큰 도움을 줍니다. 광합성을 통해 공기 중에 산소를 배출하기 때문이죠. 우리가 식물의 덕을 보고 있다는 말은 확실히 맞는 말입니다.

❋ 하지만 어떤 생물이 '왕'이라는 생각은 극히 일부분만 보고 판단한 것입니다. 지구의 생물들이 살아가는 세계(생태계)는 서로 가까이 연결되고 묶여 있어서 혼자 살아가는 생물은 없다고 보면 돼요. 그래서 어느 한쪽의 균형이 깨지면 그 영향이 인간에게까지 미치게 된답니다.

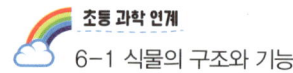

# 산소 배출의 일등공신

여러분, 혹시 고산병에 대해 들어본 적 있나요? 고산병은 안데스산맥처럼 높은 곳을 오르면 나타나는 증상인데 머리가 아프고 어지럽기도 해요. 높은 지대에선 산소가 부족해지기 때문이에요. 실제로 사람은 산소 없이 4분을 못 버팁니다. 시간 차이는 있지만, 거의 모든 생물이 산소 없이는 살 수 없답니다.

이렇게 중요한 산소를 지구 대기로 내뿜는 데 가장 큰 역할을 하는 일등공신은 누구일까요? 지구의 허파로 불리는 아마존 열대 우림이라고요? 아닙니다. 그보다 더 많은 산소를 만들어 내는 곳은 바로 바다랍니다! 정확히는 바다에 떠다니는 아주 작은 식물성 플랑크톤이지요.

공기 중에 있는 산소의 4분의 3이 이들 식물성 플랑크톤의 광합성 덕분이라면 믿어지나요? 엄청나게 작은 몸집이지만 어마어마하게 수가 많기 때문에 산소 배출의 일등공신이 될 수 있는 것이랍니다. 물론 나머지 산소는 육지의 식물이 내뿜고 있지요.

그런데 바다와 숲이 오염되고 사라진다면 어떻게 될까요? 상상만 해도 끔찍하지만 이미 진행되고 있는 일이랍니다. 우리가 지금 당장 바다와 숲을 지켜야 하는 이유입니다.

# 장미에 가시는 왜 있는 거예요?

미스터리 의뢰자
꼬마정원사 님

우리 집 마당에는 작은 꽃밭이 있어요. 주말이면 아빠를 도와 잡초도 뽑고 물도 주며 꽃밭을 돌보고 있지요. 해마다 초여름이면 붉은 장미꽃이 담장을 넘어 흐드러지게 피어나는데 얼마나 예쁜지 몰라요! 그런데 어제 아빠와 장미나무를 가지치기하다가 가시에 손가락이 찔리고 말았지 뭐예요. 따끔하더니 장미꽃처럼 빨간 피가 손가락 끝에 맺혀 나왔어요. 으앙~ 눈물 찔끔~ ㅠㅠ 꽤 아팠답니다. 도대체 곱고 아름답기만 한 장미한테 좀처럼 어울리지도 않는 가시가 왜 있는 걸까요?

**진짜사나이** 님 _ 가시에 찔렸다고 울다니 남자 망신 다 시킵니다! 자고로 남자는 태어나서 세 번 우는 겁니다. 태어나자마자, 나라가 망할 때, 부모님 돌아가셨을 때! 아시겠습니까!

**꼬마정원사** 님 _ 뭐지, 이 상황? 조선 시대에 태어나신 건가요? 타임머신이라도 탄 건가요? 우리 아빠는 우리 엄마보다 훨씬 눈물이 많거든요! 우는 게 남자랑 여자랑 무슨 상관?

**꼬마상담사** 님 _ 울고 싶을 때 울지 않으면 정신 건강에 해롭댔어요. **진짜사나이** 님은 울고 싶을 때 울지 않아서 마음에 병이 생긴 것 같아요. 편견이란 병! ㅠㅠ

***  **진짜사나이** 님! 남녀 성별에 대한 편견 있는 댓글은 조심해 주세요!  ***

**어린왕자** 님 _ 가시는 장미가 가진 단 하나의 무기예요. 장미꽃은 약해 보이지만 자존심도 세고 상처 주는 말을 하기도 하죠. 하지만 바람이 많이 불 때는 유리 덮개를 해 주세요. 추위에 약하거든요. 주위에 양이 있다면 조심하세요. 꽃을 먹어 버릴지 모르니까요.

**꼬마정원사** 님 _ 서, 설마 소행성 B612호가 님이 사는 곳?

**어린왕자** 님 _ 맞아요! 바오바브나무가 잘 자라고, 해지는 걸 마흔세 번이나 볼 수 있는 작은 행성이죠.

**지구별여우** 님 _ "네가 길들인 것에는 책임이 있어. 네 장미에 대해서도 책임이 있어."

**꼬마정원사** 님 _ 님들, 여기서 이러시면 안 돼요. 미카엘에는 <어린왕자> 안 읽은 분들이 더 많을 거예요. ㅠㅠ

**지니러브** 님 _ 장미는 아마 가시가 있는 식물 중에서 가장 아름다울 거예요. 향기도 멀리까지 퍼지고요. 그래서 아름다움과 향기에 이끌린 해충의 공격을 많이 받겠지요. 가시는 해충을 막는 방패랍니다.

**꼬마정원사** 님 _ 그렇군요! 자기 자신을 지키는 거였네요! 그래도 찔린 손가락이 너무 아팠다고요. ㅠㅠ 나는 해충이 아닌데~~! 그리고 혹시 가시 때문에 벌이나 나비도 못 날아오면 어떻게 해요? 벌이랑 나비는 꽃을 도와주잖아요.

**지니러브** 님 _ 그것까지는 몰라요. -.-;; **지니** 님~! 도와줘요~! 그나저나 장미의 꽃말이 "당신을 사랑합니다."래요! **지니** 님, 제 장미를 받아 주세용~~!

**지니의 미스터리 해결**

조심 좀 해.

**꼬마정원사** 님, 주말에 아빠를 도와 꽃밭을 가꾸는 풍경, 생각만 해도 흐뭇하군요. 계절마다 피어나는 여러 꽃들을 보고 있으면 **꼬마정원사** 님 가족의 행복이 더 커질 것 같습니다. 정원을 돌보는 일은 결코 쉬운 일이 아니에요. 특히 가시가 있는 식물을 만질 때는 더욱 그렇죠. 다음에는 원예용 장갑을 꼭 끼고 하세요! ^^

✽ 장미는 우리와 아주 친한 꽃이죠. 산책길에 울타리 너머로 핀 장미를 흔히 볼 수 있고, **지니러브** 님 말처럼 사랑을 고백할 때 가장 많이 선물하는 꽃이기도 합니다.

✽ 장미는 아름다운 꽃의 생김새와 풍부하고 진한 꽃향기로 유명합니다. 목욕할 때 넣는 입욕제나 얼굴에 바르는 화장품, 향수 등으로 다양하게 쓰이고 있지요. 또한 꽃잎과 장미 열매(로즈힙)에 비타민C가 풍부해 차와 약으로도 사용되고 있답니다.

✽ 가시는 **어린왕자** 님의 말처럼 장미가 가진 무기가 맞습니다. 장미는 화려한 색과 진한 향기로 다양한 곤충과 동물들의 관심을 끕니다. 그래서 해충에 의해 병에 걸리거나 동물에게 먹혀 버리기도 쉽지요. 그래서 가시로 자신을 보호하는 것입니다.

✽ 장미 가시는 줄기의 겉껍질(표피)이 변화해서 생긴 것입니다. 가시는 꽤 크고 날카로우며 잔가시도 아주 많아 만질 때 특히 조심해야 합니다. 하지만 장미의 가시가 꽃에 직접 날아와 앉는 벌이나 나비에게도 위협이 되는 것은 아니랍니다.

✽ 장미의 큰 가시는 주로 꽃받침 아래부터 줄기에 성글게 나 있고 잔가시는 꽤 많이 나 있습니다. 이것은 줄기를 타고 땅에서 올라오거나 다른 식물에서 옮겨 오는 진딧물, 각종 애벌레 같은 해충들을 막는 데 쓸모가 있답니다.

✽ **어린왕자** 님과 **지구별여우** 님 덕분에 오랜만에 어른과 어린이 모두에게 유명한 동화 〈어린왕자〉를 떠올릴 수 있었네요. 소행성 B612호에서 어린왕자와 장미는 잘 지내고 있을지 궁금해집니다. ^^

✽ **진짜사나이** 님! 남녀 성별에 대한 편견을 가지고 상대방을 깎아내리는 글은 그 사람에게 상처를 줍니다. 좀 더 깊이 생각하고 댓글을 달아 주세요.

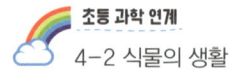

## 내 몸은 내가 지킨다!

식물은 대부분 한곳에 뿌리를 내리고 있기 때문에 적의 공격과 위협에 동물처럼 적극적으로 몸을 움직여 맞서거나 도망갈 수가 없습니다. 대신 식물은 가시를 만들어 내거나, 모양을 바꾸고, 특별한 화학 물질을 내뿜는답니다.

가시로 몸을 보호하는 식물로는 아카시아나무, 탱자나무 등이 있습니다. 탱자나무는 긴 가시가 아주 촘촘히 나 있어서 예로부터 울타리로 많이 사용되었습니다. 성벽 아래에도 적이 올라오지 못하도록 탱자나무를 심었다고 하니 가시가 얼마나 무시무시한지 짐작이 갑니다.

모양을 바꿔 몸을 보호하는 식물로는 미모사가 있습니다. 미모사 잎은 곤충이 조금만 건드려도 길쭉한 작은 잎들이 닫혀서 시든 듯 아래로 축 처져 버립니다. 그러면 곤충은 미모사에 대한 관심이 사라진다는군요.

화학 물질로 몸을 보호하는 식물은 아주 많습니다. 들판에 풀어 놓은 가축들은 용케도 고사리는 피해 풀을 골라 먹는다고 합니다. 고사리에는 초식 동물에게 좋지 않은 독 성분이 들어 있기 때문이죠. 이러한 화학 물질은 바이러스, 균, 동물들로부터 자신을 지키기 위한 것으로 감자의 싹, 식물의 열매, 씨앗 등에 흔히 있답니다.

# 식물은 겨울에 뭘 하며 지내요?

"살아는 있는 거니?"

**미스터리 의뢰자**
그것이알고싶다 님

오늘, 동요 〈겨울나무〉를 부르다가 갑자기 궁금한 게 생겼어요. 동물들은 겨울잠을 자기도 하고, 추운 바람을 피해 따뜻한 보금자리에서 겨울을 나잖아요? 그런데 식물들은 어디 가지도 못하고 한곳에서 가만히 맨몸으로 추위를 견디잖아요. 얼어 죽지 않는 게 정말 신기할 뿐이죠. 봄이 되면 그런 식물들에게서 다시 새싹이 돋아나고요. 도대체 식물은 겨울에 뭘 하며 지내는 걸까요? 어떤 초능력이라도 있는 걸까요? 정말 미스터리합니다! 그것이 정~~말 알고 싶습니다!

**왕귀** 님 _ 식물도 겨울잠을 잔다고 하던데요? 눈이 없으니 눈을 감고 있는지 뜨고 있는지 모르지만, 겨울에 식물 옆에 가면 쌕쌕~ 숨소리가 들려요. 깊이 자고 있는 거죠. 제 귀가 좀 커서 작은 소리도 아주 잘 들린답니다.

**그것이알고싶다** 님 _ 왕귀 님, 혹시 그건 숨소리가 아니라 겨울바람 소리가 아닐까요? 메마른 줄기랑 잎이 차가운 바람에 부딪히는 소리요.

**왕귀** 님 _ 네? 겨울바람 소리는 쉿쉿~ 휭휭~ 아닌가요? @.@ 제 귀엔 분명 쌕쌕~으로 들렸단 말이에요!

**냉동식물** 님 _ 흐음, 연약한 식물이 그 추운 겨울에 얼지 않는다는 게 이상하지 않나요? '냉동인간'이란 말 들어봤죠? 먼 미래의 발달된 의학으로 살려 보려고 지금 고치기 어려운 병을 앓고 있는 사람을 냉동해 놓는다는 이야기요. 식물도 겨울에 '냉동식물'이 되는 거 아닐까요? 봄이 오면 얼음이 녹고 다시 살아나는 거죠. *_*

**그것이알고싶다** 님 _ 냉동인간이란 말은 들어 봤어요. 하지만 냉동식물은 처음 듣는데……. 흐음……. ㅠㅠ

**인간알파고** 님 _ 겨울을 나야 하는 식물들은 겨울이 오기 전에 세포에 영양분을 저장해 놓습니다. 이로 인해 세포 속에 들어 있는 액체(세포액)가 진해지면 어는 온도가 낮아져서 겨울에도 얼지 않습니다. 식물의 세포를 둘러싸고 있는 막(세포벽) 또한 두텁고 딱딱해서 쉽게 얼지 않습니다.

**그것이알고싶다** 님 _ 우와! 반가워요! 인간알파고 님! 식물이 얼지 않는 이유를 시원~~하게 설명해 주셨네요. ^^

**나만보이나** 님 _ 얼지 않는다고 해도, 들판의 풀들은 다 말라 죽던데요! 겨울에 공원에 한번 가 봐요. 잔디나 꽃들이 줄기까지 누렇게 말라 비틀어져 바람에 이리저리 날아다니잖아요. 맨땅이 훤히 드러난 공원의 황량한 겨울 풍경, 나만 보이나요?

**그것이알고싶다** 님 _ 그, 그렇죠. 나만보이나 님, 저도 보입니다……. 겨울에 그냥 죽어 버리는 식물도 많은 것 같네요. ㅠㅠ

**왕귀** 님 _ 눈에 보이는 것이 다가 아닙니다. 그 황량한 맨땅에 귀를 대보세요. 쌕쌕~ 숨소리가 들릴 것입니다. 나 여기 살아 있다고~~~! 혹시 나만 들리나요?

**지니의 미스터리 해결**

추위를 너무 타는 거 아냐?

아 닥닥닥

**그것이알고싶다** 님, 동요 〈겨울나무〉를 부르다가 호기심이 생긴 거군요! 그 노래를 부르고 있으면, 눈 쌓인 언덕 위에서 어떤 어려움이 닥쳐도 흔들림 없이 굳세게 서 있는 겨울나무가 떠오르지요. 식물들이 모두 그렇게 씩씩하게 겨울을 나는지 한번 알아볼까요?

✻ 식물은 크게 세 가지 방법으로 겨울을 납니다. 첫 번째는 **왕귀** 님 말처럼 겨울잠을 자는 것입니다. 두 번째는 이파리와 줄기의 생은 끝나지만 뿌리나 씨앗을 남겨 놓는 것입니다. 세 번째는 겨울에도 아랑곳하지 않고, 나고 자라는 활동(생장)을 왕성히 하는 것입니다.

✻ 식물들은 겨울에 아무것도 하지 않는 것처럼 보이기 때문에 동물처럼 겨울잠을 잔다고 표현하기도 합니다. 하지만 **인간알파고** 님의 말처럼 식물들은 겨울이 오기 전에 미리 영양분을 뿌리나 줄기의 세포 속에 저장해 놓으며, 잘 얼지 않는 쪽으로 자기 몸을 바꾸며 바쁘게 지낸답니다.

✻ 또한 보송보송한 털에 둘러싸인 작은 봉오리 모양의 겨울눈을 줄기와 나뭇가지에 만들어 내지요. 겨울눈 중 '잎눈'은 새 이파리를, '꽃눈'은 꽃을 만들 준비를 하고 있는 것입니다.

✻ **나만보이나** 님의 말처럼 겨울에 이파리와 줄기 모두 시들고 메말라 죽는 식물들도 있습니다. 하지만 땅 속에 묻힌 뿌리나  마른 수풀 사이의 씨앗이 겨울을 나며, 곧 다가올 봄을 묵묵히 기다린답니다.

✱ 그런 의미에서 **왕귀** 님의 말처럼 눈에 보이는 것이 다가 아니지요. 겨울에는 땅 위의 모든 풀이 다 죽어 있는 것처럼 보이지만, 보이지 않는 곳에서는 뿌리와 씨앗의 생명력이 끈질기게 살아남아 있으니까요.

✱ 식물의 겨울나기는 한해살이와 여러해살이로 나눠 설명할 수도 있습니다. 한해살이는 일 년 동안 싹이 돋고, 잎이 나고, 꽃이 피고, 열매를 맺고, 씨앗을 남긴 후 죽습니다. 나무를 제외한 풀은 대부분 한해살이로, 겨울에 씨앗으로 지내다 봄이면 싹을 틔우지요.

✱ 여러해살이는 한해살이의 과정을 반복해서 사는 식물을 말합니다. 나무는 모두 여러해살이로, 겨울에는 잎을 떨어뜨려 에너지를 아꼈다가 봄이 오면 겨우내 만들어 놓은 잎눈과 꽃눈을 틔웁니다.

✱ 반면에 추위를 아랑곳 않고 사는 식물도 있습니다. 주로 소나무처럼 뾰족한 잎을 가진 나무(침엽수)들이 춥고 건조한 겨울에도 수분을 빼앗기지 않고 적은 햇빛에도 광합성을 하며 살아간답니다.

✱ 냉동인간에 빗댄 **냉동식물** 님의 추리 매우 흥미로웠습니다. ^^

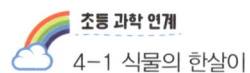

# 해충 잡는 겨울옷?

　혹시 나무가 옷을 입고 있는 것을 본 적이 있나요? 주로 겨울에 도시의 가로수들을 보면 볼 수 있는 풍경인데요. 나무 몸통에 볏짚을 엮어 둘러놓은 것도 있고, 색색의 털실로 짠 예쁜 뜨개옷을 입혀 놓은 것도 있습니다. 혹시 마음씨 좋은 사람들이 겨울 동안 나무가 얼지 말라고 점퍼처럼 입혀 놓은 것일까요?

　이렇게 겨울철에 나무에 둘러 놓은 볏짚을 '잠복소'라고 불렀다는데요. 나무를 따뜻하게 해 주기 위해서가 아니라 해충을 잡기 위한 것이었습니다. 벌레들도 겨울에는 나무 틈새처럼 따뜻한 곳으로 찾아들기 때문에 볏짚을 둘러 놓으면 그곳으로 모이는 것이지요. 잠복소는 봄철에 불태웠다고 하는데, 이로운 벌레들까지 모여들어서 해충을 없애는 데 사실 큰 효과는 없다고 하는군요.

　그보다는 자칫 삭막해 보이는 도시의 겨울 풍경을 따뜻하게 만들 수는 있어서, 요즘에는 도시 풍경을 가꾸는 사람들이 색색의 털실 옷을 나무에 입히기도 한답니다.

# 꽃에서는 왜 향기가 나요?

**미스터리 의뢰자**
개코 님

저는 워낙 킁킁거리며 냄새를 잘 맡는답니다. 우리 집 강아지 똘똘이만큼이나 냄새를 잘 맡지요. 냄새만 맡아도 누가 누군지 알거든요. 엄마한테선 샴푸 냄새, 아빠한테선 스킨 냄새, 동생한테선 사탕 냄새가 난답니다. 그런데 말이죠. 엄마랑 꽃집에 갔다가 꽃에서는 유난히 더 좋은 냄새가 난다는 걸 알았어요. 엄마는 그런 좋은 냄새를 '향기'라고 부른대요. 꽃에서는 왜 그런 좋은 향기가 나는 걸까요? 킁킁! 정말 궁금해요!

**방귀뽕** 님 _ 제 향기로운 방귀 냄새를 맡으면 꽃향기쯤은 아무것도 아니라는 걸 알 수 있을 거예요. 뿌웅~~~~! ㅋㅋㅋㅋㅋㅋ

**개코** 님 _ 윽! 숨이 안 쉬어져요. 꽃에서 왜 향기가 나냐고 물었는데, 도대체 자기 방귀 냄새 자랑은 왜 하는 건가요? 게다가 지독한 냄새 때문에 코가 마비될 지경이에요! @.@

**방귀뽕** 님 _ 헐, 정말 개코 맞네요. 여기 미국이걸랑요. 어떻게 이 냄새를 맡았지? @.@

**달아날준비** 님 _ ㅋㅋㅋ 두 분 뭐하는 겁니까? ^^;; 꽃에서 향기가 나는 건 벌이랑 나비를 유혹하기 위해서죠. **방귀뽕** 님이랑은 반대예요. **방귀뽕** 님의 방귀 냄새는 모두 도망가 버리게 만드니까요.

**개코** 님 _ 으~~, 세수하고 오니 정신이 좀 드네요. 아, 그렇군요. 벌이랑 나비를 유혹하기 위해서……. 근데 왜 유혹해요?

**달아날준비** 님 _ 자세한 건 잘 모르지만, 벌이랑 나비가 꽃의 번식을 도와준대요. 왠지 **방귀뽕** 님이 다시 등장할 것 같으니, 나는 달아날 준비나 해야겠어요.

**방귀뽕** 님 _ 어라! 다들 어디 갔지? ^^;;;

**내가제일잘나가** 님 _ 그냥 뽐내기 위해서 그런 거 아닐까요? 우리 이모는 외출하기 전에 꼭 향수를 뿌리던데요. 그래야 자신감이 생긴다나 뭐라나? ㅋㅋ 아무튼 꽃이 예쁜 거로는 부족해서 향기까지 내뿜으며 자기가 제일 잘 나간다고 뽐내는 거 같아요.

 개코 님 _ 으~~ 저는 강한 향수 냄새를 맡으면 머리도 아프고 별로던데……. 꽃향기는 은은하고 부드러워서 질리지가 않아요. 너무 강한 냄새는 벌이랑 나비도 싫어할 거 같아요.

 낭만에대하여 님 _ 사랑을 고백할 때 꽃을 선물하는 이유가 뭐겠어요? 눈으로 아름다운 꽃을 감상하고 코로 꽃향기를 맡으면 기분이 저절로 좋아지잖아요. 생각만 해도 낭만적이잖아요? 그런데 꽃에 향기가 없다면 낭만적이겠어요?? 사랑 고백이 성공하겠어요???

 현실에대하여 님 _ 꽃은 동물로 치면 자손을 퍼뜨리기 위한 생식 기관이에요. 수술의 꽃가루가 암술의 밑씨와 만나야 열매와 씨가 생기는데, 그 과정을 곤충이나 바람이 도와준대요.

 개코 님 _ 현실에대하여 님이 아니었다면 아무 생각 없이 낭만에만 취할 뻔했네요. ^^;;

**지니의 미스터리 해결**

개코 님, 미국에 있는 **방귀뽕** 님의 방귀 냄새를 맡을 정도라니, 정말 후각이 아주 예민하시군요! 물론 농담이겠지만, 그런 것도 초능력이라면 초능력이겠지요? ^^ 그나저나 꽃은 아름다운 데다가 왜 향기롭기까지 할까요? 분명 이유가 있을 거예요!

✽ 꽃은 **낭만에대하여** 님의 말처럼 우리 생활에 선물 같은 역할을 합니다. 사랑 고백뿐만 아니라 무언가를 축하하거나 분위기를 생기 있게 하고 싶을 때 사람들은 꽃의 아름다움과 향기를 이용하지요.

✽ 꽃의 색과 모양, 향기 같은 것들은 대부분 **현실에대하여** 님의 말처럼 자손을 퍼뜨리기 위해 꽃이 선택한 것들입니다.

✽ 꽃을 자세히 보면 꽃잎과 꽃받침이 있고, 꽃잎 가운데로 길게 솟은 암술머리와 꽃가루가 달린 수술들이 있습니다. 암술머리 아래로는 씨방이 있고, 그 안에 밑씨가 있습니다.

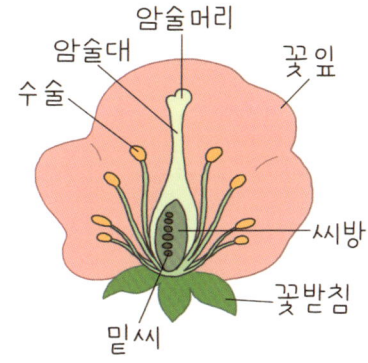

✽ 꽃이 씨앗을 만들기 위해서는 수술의 꽃가루가 암술머리에 묻어야 하는데, 대부분 곤충들이 그 일을 돕습니다. 꽃향기를 맡고 다가온 곤충들은 각자 좋아하는 색깔의 꽃에 앉아 꿀을 빨다가 이리저리 옮겨 다니며 수술의 꽃가루를 암술머리에 묻히지요. 이것을 꽃가루받이(수분)라고 합니다.

✽ 이윽고 꽃가루가 암술대를 뚫고 내려가 밑씨를 만나면 임무를 다한 꽃은 시들고, 열매가 맺힙니다. 열매는 씨를 품고 있지요.

✽ 이렇듯 꽃의 화려한 색깔과 좋은 향기는 꽃가루받이를 도와주는 곤충들을 불러 모으기 위한 것입니다. **내가제일잘나가** 님의 말처럼 어떻게든 튀어야 선택받을 수 있으니까요. 그러나 모든 꽃이 곤충의 도움을 받는 것은 아닙니다.

✽ 예를 들어, 옥수수나 소나무의 꽃은 수수하게 생겼고 향기가 없습니다. 곤충이 아닌 바람의 도움을 받기 때문입니다. 하지만 바람에 의해 꽃가루받이가 이루어지는 일은 쉽지 않습니다. 그래서 옥수수나 소나무는 아주 많은 양의 꽃가루를 만들어 낸답니다. 이밖에 물, 새, 사람에 의해서도 꽃가루받이가 이루어지지요.

✽ **방귀뽕** 님의 장난 때문인지, 댓글 창에서 왠지 꽃향기와 함께 뭔가 구린 냄새가 나는 것 같네요. ㅎㅎㅎㅎ 장난입니다~! ^^

## 잎에서도 향이 나요!

여러분 '민트초코 맛' 좋아하시나요? 저는 상쾌하고 향긋해서 좋아하는 편인데요. 어떤 분들은 치약 맛이라고 토할 것 같다고 하더군요. 그런데 '초코민트'라는 이름의 식물이 진짜로 있다는 거 아시나요?

예로부터 약초로도 쓰이며, 요리의 독특한 맛과 향기를 위해 사용하던 식물을 '허브'라고 부릅니다. 초코민트도 허브의 한 종류인데, 손가락으로 잎을 조심히 문질러 코에 대 보면 민트 향과 초코 향이 같이 느껴진답니다.

허브에는 페퍼민트, 로즈마리, 레몬밤, 바질 등 다양하게 있는데요. 모두 잎에서 향이 진하게 난답니다. 쌉싸름하면서 약간 시큼하게 느껴지는 향도 제각기 모두 다르고요. 이러한 허브의 향기는 진드기 같은 해충들이 싫어한다고 하는군요. 그래서 허브는 자신의 몸이 갉아 먹히거나 병이 드는 것을 막기 위해 잎에 독특한 향기를 지니게 된 것이랍니다.

허브는 찻잎이나 오일로 만들어 각종 스트레스와 불면증, 우울증 치료에 이용되기도 합니다. 로즈마리는 두통을 가라앉히는 데 좋고, 페퍼민트는 염증과 소화에 좋다고 합니다. 레몬밤은 기분을 밝고 편안하게 해 준다는군요.

**미스터리 의뢰자**

**다섯짤할아버지** 님

우리 할아버지 이마에는 주름이 깊게 패여 있어요. 하루는 할아버지께 주름이 나무의 나이테 같은 거냐고 여쭤봤는데, 그렇다고 하셨어요. 세월의 흔적이 이마에 남은 거라고요. 그럼 할아버지 나이가 다섯 살이냐고 여쭈니, 허허 웃으시면서 비밀이라고 하셨어요. 주름이 다섯 개 있거든요. 그러다 갑자기 나이테가 정말로 나무의 나이를 나타내는지 궁금해졌어요. 천 살이면 나이테가 천 개, 백 살이면 백 개가 있는 거 맞나요? 누구 쉽게 설명해 주실 분~~?

**나무주름살** 님 _ 할아버지가 재밌으시네요. 이마에 주름이 세 개 있는 우리 할머니는 그럼 세 살 아기네요! ^^ 아무튼 나이테는 나무가 살아온 흔적이래요. 할아버지, 할머니처럼 나무도 늙어 가면서 주름이 생기는 거 아닐까요?

**다섯짤할아버지** 님 _ 그런데 주름은 피부에 탄력이 떨어져 생기는 거잖아요. 나무도 탄력이 떨어지는 건가요?

**나무주름살** 님 _ 엥? 우리 할머니는 탄력이 떨어진 곳에 보톡스 맞던데, 나무도 보톡스 맞나요??

**번개맞은나무** 님 _ 번개 맞은 나무를 봤는데, 잘린 면이 울퉁불퉁하고 색도 거무스름해서인지 아무리 봐도 나이테가 잘 안 보이던데요.

**다섯짤할아버지** 님 _ 번개에 맞았다면, 혹시 나무가 옆으로 잘린 게 아니라 그냥 위에서 아래로 쪼개진 거 아닌가요?

**번개맞은나무** 님 _ 맞아요! 위에서 아래로 쪼개져 있었어요. 그 나무속을 본 건데, 나이테는 안 보였어요.

**다섯짤할아버지** 님 _ 나이테는 옆으로 잘린 면에서만 보일 거예요.

**제발위로만** 님 _ 나이테는 나무가 양옆으로 자란 흔적이래요. 위로도 쑥쑥 자라지만 옆으로도 두꺼워지는 거지요. 근데 나는 왜 위로는 안 자라고 옆으로만 두꺼워지는지……. ㅠㅠ

**다섯짤할아버지** 님 _ 큭큭, 웃어서 죄송하지만 옆으로만 자라는 건 살이 찌는 거 아닐까요? 단 음식 줄이고 칼슘 많은 음식을 먹으며, 규칙적으로 운동하면 나무처럼 쑥쑥 자랄 거예요!!!

**제발위로만** 님 _ 제가 빵을 좋아하는데, 끊어야지 하면서도, 어흑~! 아참, 나무는 햇살이 좋고 비가 적당히 오는 봄, 여름에 나이테가 연한 색으로 많이 자라고, 가을에는 진한 갈색으로 아주 조금만 자란다고 해요.

**보태자면** 님 _ 좀 더 보태자면, 우리나라처럼 사계절이 확실한 기후에서 나이테가 뚜렷하대요. 더 더 보태자면, 일 년 내내 더운 열대 지방에선 같은 색으로만 자라서 나이테가 없답니다.

**다섯짤할아버지** 님 _ 이제 알겠어요! 덥고 추운 계절이 확실해야 나이테가 연하다가 진하다가 하면서 구분이 되는군요.

**지니의 미스터리 해결**

**다섯짤할아버지** 님, 저도 지난 주말 수목원에 나들이를 갔다가 잘린 나뭇등걸을 전시해 놓은 것을 보았어요. 그 나뭇등걸은 나이테가 아주 선명하게 나 있었어요. 그 순간 어르신들의 깊게 패인 주름살을 보는 것처럼 괜스레 감동적이었답니다.

✽ **나무주름살** 님의 말처럼 나무도 나이가 들면서 나이테가 생기는 것이 맞습니다. 계절 구분이 뚜렷한 곳의 나무는 일 년에 하나의 나이테가 생긴답니다. 하지만 사람의 주름살처럼 피부 세포의 탄력이 없어져 생기는 것은 아니지요.

✽ 나이테는 **제발위로만** 님의 말처럼 나무가 옆으로 자라면서 만들어집니다. 나무의 뿌리나 줄기가 굵어지는 것이죠(부피생장). 나무에는 수분과 영양분이 이동하는 물관과 체관이 있고, 그 사이에 부름켜(형성층)가 있습니다. 이곳 부름켜의 세포들이 안쪽에서 바깥쪽으로 점점 늘어나며 나무의 몸통을 굵게 만든답니다.

✽ 그러니 **번개맞은나무** 님이 본 것처럼 번개를 맞아 위에서 아래로 쪼개진 나무에서는 나이테를 보기가 어렵습니다. 나이테를 보려면 가로로 베어져서 밑동만 남은 나무의 잘린 면을 봐야 합니다.

✽ 나이테를 자세히 보면 동그란 줄무늬가 연속해서 있는데요. 어둡고 진한 갈색 줄무늬 사이에 엷고 밝은 갈색이 있는 것을 볼 수 있습

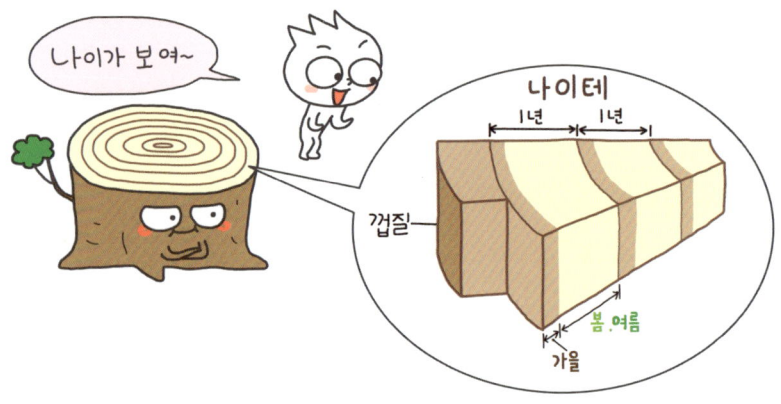

니다. 이것은 날씨 차이 때문인데요. 봄과 여름처럼 햇살이 강하고 비가 자주 오는 계절에는 나무가 활발히 자라나며 나이테 색깔이 옅고 밝답니다. 반면 햇살이 줄어드는 가을에는 성장이 느려지며 어둡고 진한 나이테가 만들어집니다. 겨울에는 나무의 성장이 잠깐 멈추고요.

✻ **보태자면** 님의 말처럼, 계절의 구분이 뚜렷한 우리나라 같은 곳에서는 나이테의 구분이 확실한 편입니다. 바로 봄부터 가을까지 성장한 나이테 하나가 나무의 한 살 나이가 된답니다. 매해 그러한 성장이 반복되고요.

✻ 일 년 내내 날씨 차이가 별로 없는 열대 우림 같은 곳에서는 나이테의 구분이 확실치 않습니다. 색깔의 차이가 없으니까요!

# 나무는 자연의 역사책

사람은 글자로 역사를 기록하지요? 그래서 옛날에 어느 나라가 어떤 전쟁을 했고, 어떤 전염병에 걸려 고생했으며, 또 어느 왕 밑에서 평화롭게 잘 살았는지를 후세 사람들이 알 수 있지요.

그러면 자연의 역사는 누가 기록할까요? 주로 화석이나 암석, 광물을 통해 알 수도 있겠지만, 나무를 통해서도 알 수 있답니다!

나무의 나이테를 살펴보면 어떤 것은 밝은색으로 폭이 넓고, 또 어떤 것은 유난히 폭이 좁고 진합니다. 그리고 전체가 다 동그란 띠 모양이 아니라, 어떤 것은 움푹 파여 들어갔고, 어떤 것은 얼룩 같은 것이 보이기도 합니다.

이것은 그해 숲에서 어떤 일이 있었는지를 보여 주는 흔적입니다. 나이테의 폭이 밝고 넓으면 그해 비가 많이 오고 햇살이 좋았다는 것이고, 나이테가 어둡고 좁으면 그해 가뭄이 들거나 햇살이 안 좋았다는 것을 나타내지요.

또한 움푹 파인 모양이나 얼룩 같은 것은 그해 산불이나 해충으로 피해가 있었음을 나타냅니다. 바로 나이테 하나로 강수량과 일조량 등의 기상 상황부터, 산불이나 병충해 같은 자연재해까지 알 수 있는 것이죠. 그러니 나무도 화석이나 암석처럼 자연의 역사책이라고 말할 수 있답니다!

# 낙엽이 지는 이유는 뭘까요?

**미스터리 의뢰자**
가을남자 님

남자 분들, 요즘 괜찮으신가요? 찬바람이 코트 깃을 스치면 마음 한편이 저릿하고 휑한 것이 아무래도 저는 가을을 타는가 봅니다. 낙엽까지 우수수 떨어지면 고독이 파도처럼 밀려오지요. '아, 인생이란 무엇인가? 시험은 왜 보는가? 어린이는 왜 어른이 되는가? 나의 꿈은 무엇인가? 어디 재미있는 일 없는가?' 하는 물음들도 폭풍처럼 밀려옵니다. 아! 어디서 낙엽 태우는 냄새가 납니다! 도대체 왜 낙엽이 지는 걸까요? 답을 알면 이 가을이 좀 재미있어질까요?

**삶은계란** 님 _ **가을남자** 님, 삶은 계란이자, 쓰디쓴 다크 초콜릿 같은 것입니다. 그냥 받아들이세요. 나무가 낙엽을 떨어뜨리든 말든, 내일 시험을 보든 말든, 오늘 사과나무 한 그루를 심으십시오!

**가을남자** 님 _ 엥? 갑자기 웬 사과나무요? 계란에 다크 초콜릿은 또 뭔가요? 지금 말장난할 기분이 아니랍니다. ㅠㅠ

**삶은계란** 님 _ 그러니까, 음, 간단히 말씀 드리면, 나무는 때를 아는 겁니다. 낙엽을 떨어뜨려야 하는 때를요. 자, 잠깐만요. 엄마가 저녁 먹을 때를 알려 주네요.

**가을여자** 님 _ 가을은 남자들만 타는 게 아니랍니다. 저도 가을만 되면 마음이 싱숭생숭해요. 좀 있으면 한 살 더 먹어서 그런가? @.@ 아무튼 나무도 겨울을 나고 한 살 더 먹게 되는데, 광합성도 못하는 겨울에 잎들까지 달고 있으면 더 힘이 들겠죠? 그래서 떨어뜨려 버리는 거 아닐까요? 아! 인생이란!

**가을남자** 님 _ 흠, 그런 걸까요? 그런데 왜 잎을 달고 있으면 힘들어지는 거예요? 의리로 함께 끝까지 갈 수는 없는 건가요?

**가을여자** 님 _ 겨울에는 햇빛도 부족하고 건조하잖아요. 나뭇잎들을 매달고 있다 해도 나뭇잎이 봄까지 살아남지는 못할 거예요. 나무가 혹독한 겨울에 살아남으려면 어쩔 수 없이 나뭇잎을 포기해야 하겠죠.

 긍정의힘 님 _ 가을남자 님, 긍정의 힘을 믿으세요! 낙엽은 떨어져도 곧 다른 생물들의 새로운 양식이 될 거고요. 잎이 떨어진 나무는 에너지를 아껴 겨울을 날 수 있고요. 봄이 오면 새잎이 돋을 거고요. 시험은 남과 비교하기 위한 게 아니라 내 실력을 테스트해 보는 것뿐이고요. 어른이 되기 싫으면 〈피터팬〉의 네버랜드에 가면 되고요.

 가을남자 님 _ 긍정의힘 님의 해맑은 설명을 들으니 힘이 나는 거 같기도 하네요. 쓸모없어 보이는 낙엽이 여러 생물의 새로운 영양분이 된다는 것도 좀 감동적이고요! 그나저나 〈피터팬〉을 안 읽어 봐서 그러는데 네버랜드는 어디에 있는 동네죠?

 긍정의힘 님 _ 우리 동네 키즈 카페 이름이 네버랜드예요. 주소 알려 드릴까요? ^^;;

 가을남자 님 _ 헐~~~~! 올 가을 들어 가장 웃긴 농담입니다! ^^;;

## 지니의 미스터리 해결

가을남자 님, 요즘 사춘기가 일찍 찾아온다고 하지만 너무 이른 거 아닌가요? 어린이답게 힘차게 뛰어놀고, 호기심이 생기면 열심히 탐구하고, 그러다 보면 어느새 훌쩍 커 있지 않을까요? 고독 같은 건 나중에 느끼고 말이에요. 엄마 아빠에게 꼭 이렇게 외쳐 보세요! "어린이는 쓸쓸하면 안 돼요! 무조건 행복해야 합니다!" 어린이의 행복은 어른들의 몫이거든요.

가을이 가는구나.

✲ 나무는 햇살이 조금만 부족해져도 바람이 조금만 차가워져도 곧 겨울이 올 것을 안답니다. **삶은계란** 님의 말처럼 나뭇잎을 떨어뜨리고 겨울나기 준비를 해야 할 때를 아는 것이죠.

✲ 가을이 오면, 많은 에너지를 사용해 영양분을 만들던 나뭇잎은 햇빛이 부족해 광합성을 점차 할 수 없게 됩니다. 게다가 수분마저 잎의 기공(숨구멍)을 통해 건조한 공기 중으로 빼앗겨 버리지요.

✲ 겨울에 나뭇잎을 그대로 매달고 있다간 수분과 영양 부족으로 나무 전체가 위험할 수 있겠지요. 그래서 나무가 선택한 방법은 **가을여자** 님의 말처럼 광합성을 못하는 나뭇잎을 떨어뜨리는 것입니다.

✲ 이때 나무는 나뭇잎의 잎자루와 가지 사이에 '떨켜'라는 특별한 세포층을 만듭니다. 떨켜는 딱딱한 막인데, 나뭇잎으로 가는 수분과 영양분을 막습니다. 그러면 나뭇잎은 점점 메말라 가고 결국에는 줄기에서 떨어져 나갑니다.

✱ 밤나무나 떡갈나무처럼 원래 따뜻한 곳에서 살던 나무들은 떨켜를 만들지 않습니다. 따뜻한 곳에서는 광합성을 멈추지 않으니까요. 하지만 떨켜를 만들지 못하는 나무들도 날씨가 추워지면 광합성을 못하고 수분을 빼앗기는 것은 똑같습니다.

✱ 그래서 역시나 잎이 바싹 메마르지만, 떨켜가 없으니 저절로 똑 하고 떨어지지는 않아요. 세찬 겨울바람이 불어야만 겨우 떨어져 나가고, 이른 봄까지 마른 잎인 상태로 매달려 있기도 한답니다.

✱ 한때 푸르고 싱싱하던 나뭇잎이 바싹 말라 볼품없이 떨어진다고 쓸쓸하게만 바라볼 일은 아닙니다. **긍정의힘** 님 말처럼, 열심히 살다가 임무를 마친 나뭇잎들은 미생물과 지렁이 등의 먹이가 되어 다시 영양이 풍부한 흙으로 탈바꿈하게 되니까요. 그렇게 식물의 또 다른 양분이 되어 주기 때문에 새로운 봄에는 어린 새싹들이 돋아날 수 있는 것이겠죠.

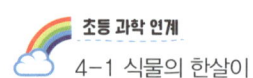

초등 과학 연계
4-1 식물의 한살이

# 늘 푸른 소나무의 비밀!

미차클 여러분! 단풍과 낙엽에 대해 알아본 후, 뭔가 또 다른 호기심이 생기지 않나요? 겨울이 왔는데, 어라! 아직도 잎이 푸른 나무들이 보이지요? 울긋불긋 단풍도 들지 않고 메마른 잎이 떨어지지도 않는 불사신 같은 나무들이요!

이런 나무들을 항상 푸른 잎을 유지한다고 해서 '상록수'라고 부른답니다. 우리 주변에서 흔히 볼 수 있는 소나무, 잣나무 등이 상록수에 해당하지요.

대부분 이런 나무들은 침엽수이기도 합니다. 추운 지방에 잘 적응해 사는 침엽수는 잎이 길쭉하고 뾰족해서 수분이 잘 빠져나가지 않습니다. 그러니 쉽게 메마르지도 않겠지요.

소나무의 경우는 잎의 수명이 2년 정도인데, 수명이 다 되면 잎이 누런빛으로 물듭니다. 역시나 초록색의 엽록소가 파괴되어 누런빛의 색소들이 드러나고 생겨나는 것입니다.

그런데 나무의 모든 잎이 누렇게 변하는 게 아니에요. 수명이 다한 잎들만 누렇게 변해 떨구고 곧 새잎이 돋기 때문에 소나무가 늘 푸르게 보이는 것이랍니다.

# 숲은 왜 피톤치드를 내뿜어요?

**미스터리 의뢰자**

피톤치드뿜뿜 님

이번 주말에 가족들이 휴양림에 놀러 간대요. 휴양림이 뭐냐고 아빠에게 물어보니, 도시 생활에 지친 사람들이 숲이나 산에서 푹 쉴 수 있도록 만들어 놓은 곳이래요. 저는 집에서 게임 하며 쉬는 게 좋은데, 엄마는 숲에 가야 피톤치드를 마실 수 있다며 좋아하세요. 뭐 그걸 마시면 상쾌해진다나요? 음료수냐고 물으니까, 웃으시면서 입이 아니라 코로 마시는 거래요. 숲이 뿜어내는 거라면서요. 도대체 숲은 왜 피톤치드 같은 걸 뿜어내는 거예요? 주말에 게임도 못하게. ㅠㅠ

이 호기심 어떤가요? 재밌어요 부러워요 놀라워요 어이없어요

**피톤치드바리스타** 님 _ 휴양림에 피톤치드를 파는 카페가 있는 거 아니에요? 바리스타가 커피나 음료 대신, 건강에 좋은 기체들을 섞어서 산소마스크처럼 피톤치드 마스크를 만드는 거 아닐까요?

**피톤치드뿜뿜** 님 _ 에엥? 좀 이상하지만……, 그런 카페가 있다면 좋을 거 같긴 해요! 게임하다가 쉬고 싶을 때, 피톤치드 한 숨 깊게 마시고 다시 게임하고!

**피톤치드바리스타** 님 _ 꽃 향기나 허브 향기 마스크는 어떤가요? 지금부터 연구해 봐야겠어요!!

**개운뽀송** 님 _ 님들 상상력이 정말 풍부하네요! ^^ 저는 며칠 전에 삼림욕을 하고 왔는데 지금 몸 상태가 아주 개운하고 뽀송해요. 소나무 숲에 다녀왔거든요. 소나무에서 피톤치드가 훨씬 많이 나온다고 해서 일부러 찾아갔지요.

**피톤치드뿜뿜** 님 _ 앗, 그래요? 피톤치드는 숲이 아니라 나무가 내뿜는 건가 봐요? 그런데 삼림욕이 뭐예요? 소나무 숲에 목욕탕이 있어요?

**개운뽀송** 님 _ ^^;; 목욕을 하면 몸도 깨끗해지고 기분도 상쾌하잖아요. 피톤치드 가득한 숲속에 있으면 꼭 목욕한 것처럼 기분이 좋아져서 그렇게 이름 붙인 거 같아요.

**살균소독** 님 _ 우리 엄마는 피톤치드 스프레이를 많이 써요. 편백나무에서 얻은 거라 몸에 안 좋은 합성 첨가물이 전혀 없대요. 그래서 이불에도 옷에도 신발에도 칙칙 마음 놓고 뿌려요. 해충이랑 세균이 피톤치드를 싫어한다고 하던데요.

 **빨간펜** 님 _ 여기서 잠깐, 빨간펜으로 고쳐 봅시다! 피톤치드는 나무에서만 나오는 게 아니에요. (빨간 펜으로 좌악!) 세균이나 바이러스 같은 것들을 없애고, 해충이나 초식동물을 피하기 위해 식물이 내뿜는 모든 물질을 피톤치드라고 하죠. (빨간 펜으로 동그라미!)

 **피톤치드뿜뿜** 님 _ 나무에서만 나오는 게 아니었네요! 하마터면 잘못 알고 있을 뻔했어요. 빨간펜 님 고마워요. ^^

 **빨간펜** 님 _ 별말씀을요. 식물 중 소나무나 편백나무 같은, 잎이 뾰족한 침엽수에서 많이 나오긴 해요. (빨간 펜으로 별 다섯 개!)

우리도 제발 가자..

**지니의 미스터리 해결**

**피톤치드뿜뿜** 님, 주말에 가족과 자연휴양림에 가는군요! 부럽습니다~~~! 숲 속을 천천히 거닐며 깊은 숨을 들이마실 때마다 느껴지는 상쾌함과 편안함, 저도 알지요. 게임은 잠깐 시간 정해서 하고, 가족들과 오랜만에 피톤치드 마음껏 마시며 추억을 만들어 보세요! 좋은 경험이 될 거예요! ^^

✽ 식물은 스스로 이동을 할 수 없기 때문에 아무래도 천적에게 해를 입을 가능성이 많습니다. 그래서 식물은 스스로를 지키기 위해 천적을 물리칠 만한 방어 물질을 만들어 낸답니다. 바로 피톤치드죠.

✽ 피톤치드는 식물이 내뿜는 살균 물질들을 뜻해요. **살균소독** 님의 말처럼 식물에 해를 입히는 곤충이나 병을 일으키는 균들은 피톤치드를 싫어하지요. 그래서 우리 일상생활에서 집먼지진드기 같은 해충이나 곰팡이를 없애는 데 피톤치드를 사용하기도 한답니다.

✽ 피톤치드는 나무뿐만 아니라 우리가 먹는 채소에도 있습니다. 예를 들어, 양파나 마늘의 매운 향과 아린 맛도 여러 종류의 피톤치드 중 하나입니다.

✽ 그중 침엽수인 소나무나 잣나무, 편백나무는 다른 식물들이 내뿜는 양보다 훨씬 더 많은 피톤치드를 내뿜는답니다. 그 향긋한 냄새를 맡고 있으면 몸과 마음이 상쾌해지고, 스트레스가 해소되는 것 같은

기분을 느끼게 되지요. 또한 피톤치드는 심장과 폐의 기능을 튼튼하게 하고, 면역력을 높여 우리 몸을 건강하게 해 줍니다.

＊ 그래서 **개운뽀송** 님처럼 소나무나 편백나무가 많은 숲에서 삼림욕을 하는 것입니다. 피톤치드 입자들로 몸과 마음을 깨끗이 하니 숲에서 하는 목욕이라 할 수 있지요. 삼림욕은 초록이 우거지기 시작하는 늦봄부터 초가을까지가 좋고, 하루 중에는 맑은 날 아침부터 점심 전까지 가장 좋다고 합니다.

＊ 우리나라에는 지친 몸과 마음을 편히 쉴 수 있도록 만들어 놓은 자연휴양림이 곳곳에 많이 있습니다. 등산이나 산책도 즐길 수 있고, 나무 공예나 숲 해설 체험도 할 수 있지요.

＊ **피톤치드바리스타** 님! 저는 산소 세 스푼에 피톤치드 두 스푼 넣은 마스크로 부탁할게요~~~! ^^*

# 덜 익은 열매는 왜 떫을까?

혹시 덜 익은 감을 먹어 본 적 있나요? 한 입 베어 물었다가는 입 전체로 퍼지는 쓰고 떫은맛에 그대로 뱉어 내고야 말죠. 입을 헹궈도 그 불쾌한 느낌은 잘 지워지지 않습니다. 덜 익은 포도나 귤도 마찬가지입니다. 엄청 시고 떫은맛만 가득해 역시 입에 물고 있을 수가 없습니다. 그것뿐인가요? 잘 익은 과일은 먹음직스러운 색인데, 덜 익은 과일은 대개 초록색이라 먹고 싶다는 생각도 잘 들지 않지요. 도대체 왜 그런 걸까요?

덜 익은 열매의 고약한 맛과 먹고 싶지 않은 색깔은, 식물이 씨앗을 보호하기 위한 것입니다. 일부러 시고 쓰고 떫은맛의 물질을 만들어 내지요. 덜 익은, 그러니까 다 자라지 않은 열매의 씨앗은 동물이 먹어서는 안 됩니다. 주로 동물들이 씨앗을 먹고 똥으로 널리 퍼뜨리는데, 덜 익은 씨앗은 새싹으로 자라지 않기 때문이죠.

그래서 식물의 열매는 처음에는 떫다가도 점차 먹음직스러운 색깔과 맛을 내어 씨앗이 제 역할을 할 수 있을 때가 돼서야 동물을 유혹합니다.

어떤가요? 식물이 살아남기 위해 펼치는 전략이 정말 지혜롭지 않은가요? ^^*

# 달맞이꽃은 왜 밤에 피어요?

"오매, 달 떴구먼~!"

**미스터리 의뢰자**
보름달 님

지난여름, 외갓집에 갔는데 담벼락 돌 틈 사이로 노란 꽃이 피어 있었어요. 할머니께 여쭤보니 '달맞이꽃'이라고 했어요. 저는 "이름이 참 예뻐요!" 하고 하늘을 바라봤는데, 해가 뉘엿뉘엿 지고 있었고 둥근 달이 저 멀리서 떠오르고 있지 뭐예요. "달맞이꽃이 달을 기다리고 있었나 봐요." 했더니, 할머니께서 "그래, 맞다. 이 꽃은 밤에만 핀단다." 하셨어요. 꽃은 다 아침에 피고 밤에 지는 줄 알았는데, 신기하지 않아요? 달맞이꽃은 왜 밤에 피는 걸까요?

 신기해요
 놀라워요
 궁금해요
 귀여워요

## 미스터리한 댓글 쓰기

**옐로카드** 님 _ 꽃은 자손을 퍼뜨리기 위해 피는 거 아니에요? 수술의 꽃가루가 암술과 만나야 하는 거잖아요. 그런데 그걸 도와주는 벌이나 나비는 밤에 쉬어야 할 텐데, 달맞이꽃이 밤에 피어 있으면 벌과 나비는 밤에도 못 쉬겠네요. 이건 반칙이에요! 달맞이꽃한테 옐로카드를 주고 싶어요~~~!

**보름달** 님 _ ㅎㅎ 맞아요! 반칙이죠! 우리 아빠도 밤늦게까지 야근할 때가 많아요. 잘 쉬시지도 못하고 우리 얼굴 볼 시간도 없어요. 아빠 회사 사장님이 일 좀 조금만 시키면 좋겠네요!

**옐로카드** 님 _ 맞아요. 우리 집도 엄마가 야근하면 엉망이 돼요. 달맞이꽃아! 제발 야근하지 마~~~!

**야행성인간** 님 _ 달맞이꽃은 밤에 더 기운이 나나 보죠. 왜 동물 중에도 밤에만 활동하는 동물이 있잖아요. 저도 아침에는 졸리기만 하고 기운도 없는데, 밤만 되면 눈이 활짝 떠지고 쌩쌩해진답니다.

**보름달** 님 _ 혹시 자기 전에 늦게까지 스마트폰 보는 거 아니에요?

**야행성인간** 님 _ 엇! 우리 엄마도 모르는 사실을 어떻게 알았어요? 이불 뒤집어쓰고 보는 건데……. ^^;;

**보름달** 님 _ 그러면 뇌가 쉬지 못하고 계속 깨어 있대요. 그래서 자꾸 자는 시간이 늦어지고 아침에는 더 졸리고 피곤한 거래요.

**엄마는다안다** 님 _ 우리 아들, 엄마의 레이더에 걸려들었구나! 아침마다 피곤한 이유가 따로 있었네? 당장 안방으로 건너오거라~~~!

**태양을피하는방법** 님 _ 새하얀 박꽃도 밤에만 피던데요. 낮에는 햇빛이 강해서 하얀 얼굴이 그을릴까 봐 밤에만 피는 거 아닐까요? 태양을 피하고 싶어서~ 두둠칫 둠칫~! 아무리 애를 써도~ 두둠칫 둠칫~!

**보름달** 님 _ 흐음, 왠지 노래 가사 같기도 하고……. 아무튼 꽃 중에도 밤에 피는 꽃들이 꽤 있나 보네요.

**달나라토끼** 님 _ 제 생각에 달맞이꽃은 지구에서의 임무를 마치고 밤마다 달과 교신 중일 겁니다. 달을 향해 활짝 핀 꽃잎과 암술, 수술은 전파를 쏘고 받는 안테나죠.

**보름달** 님 _ 아! 그러면 **달나라토끼** 님은 달에서 절구에 떡방아를 찧는다는 그 토끼 님? 달맞이꽃의 지구 임무는 뭔가요?

**달나라토끼** 님 _ 일급비밀이지만 미차클에만 살짝 알려주죠. 지구를 달맞이꽃으로 가득 채우는 일입니다. 밤에만 일하는 나방이 도와줘서 밤에 임무를 수행할 수 있죠.

**보름달** 님 _ 아아, 나방이 도와주는구나! 오히려 밤에 임무를 수행하는 게 날도 선선하고, 다른 꽃들과 경쟁하지 않아도 되니 훨씬 좋겠네요!

보름달 님, 낮에 피는 꽃은 햇살 아래서 해맑게 웃고 있는 것 같죠. 그런데 밤에 피는 꽃은 달빛 아래서 수줍고도 신비로운 미소를 띠고 있는 것 같아요. 저는 밤에도 낮에도 꽃들의 다채로운 미소를 볼 수 있어서 정말 기쁘답니다. 노란 달맞이꽃은 어떤 사연이 있어서 밤에 피는지 같이 알아볼까요? ^^

지니의 미스터리 해결

✱ 식물은 한 자리에서 가만히 있는 것 같지만, 그 종류만큼이나 아주 다양한 생존 전략을 펴며 살고 있답니다. 특히 자손을 더 많이 퍼뜨리기 위해서 다른 식물과 치열한 경쟁을 하고, 때론 그 경쟁을 피하는 쪽을 선택하기도 합니다.

✱ 경쟁을 피하는 예로, 사계절 중 생물이 살기에 혹독한 날씨인 겨울을 선택해 꽃을 피우기도 하고, 번식 활동을 낮이 아니라 밤에 하기도 하죠. 그래서 다양한 꽃의 종류만큼이나 꽃이 피고 지는 계절과 시간도 아주 다양하답니다.

✱ 하루 중 언제 꽃을 피우는가의 문제는 곤충에 달려 있습니다. 밤에 활동하기를 좋아하는 곤충이 꽃가루받이를 도와준다면 식물은 밤에 꽃을 피우는 것이 낮보다 더 유리할 수 있답니다.

✱ 이렇게 밤에 피는 꽃으로는 달맞이꽃 이외에도 박꽃, 노랑원추리, 흰독말풀, 하늘타리, 옥잠화 등이 있습니다. 오후 4시쯤부터 저녁 9시 사이에 피어나는데 그날의 날씨 조건에 따라 차이가 있답니다. 구름이 끼어 어둡고 흐린 날에는 낮에도 꽃이 필 수 있다는군요.

✱ 밤에 피는 꽃들은 대개가 색이 하얗고 밝습니다. 그리고 꽃이 크며 향기가 진한 편이죠. 그래야 밤에 활동하는 곤충들이 꽃향기에 이끌려 찾아갈 수 있고, 어둠속에서 밝게 빛나는 꽃을 알아볼 수 있기 때문이랍니다. **달나라토끼** 님의 말처럼, 밤에 주로 활동하여 꽃가루받이를 도와주는 곤충에는 나방 등이 있습니다.

✱ **엄마는다안다** 님, **야행성인간** 님과 대화는 잘 나누셨나요? 너무 야단치지 마시고 스마트폰을 올바르게 사용할 수 있도록 친절히 도와주세요!

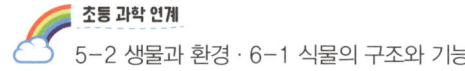

초등 과학 연계
5-2 생물과 환경 · 6-1 식물의 구조와 기능

# 눈밭이라도 좋아, 부지런한 식물들!

식물은 온도, 햇빛의 양, 낮의 길이, 밤의 길이, 바람 등을 세심히 따져 자신의 특성에 가장 알맞은 계절을 골라 꽃을 피우려고 합니다. 그중 대체로 키가 작은 식물들이 다른 식물들보다 조금 더 서둘러 눈이 채 녹지도 않은 늦겨울과 이른 봄에 꽃을 피워 냅니다.

꽃 피우는 일에 늑장을 부린다면 키가 작은 식물들은 다른 식물들에 가려져 충분히 햇빛을 받을 수 없겠지요. 그래서 키 큰 식물과의 경쟁을 피하기 위해 꽃 피우는 때를 서두르는 것입니다. 다른 꽃들이 피어나기 전에 꽃가루받이 곤충들의 도움도 받을 수 있을 테고요.

이렇듯 추위에 아랑곳하지 않고 피어나는 꽃들로는 변산바람꽃, 갯버들, 너도바람꽃, 복수초 등이 있습니다. 키도 작고 꽃도 작지만 부지런한 식물들입니다.

보통은 봄에 잎이 먼저 나고 꽃이 피는데, 그 순서를 뒤바꾸는 식물도 있습니다. 잎은 간혹 꽃가루받이 곤충의 시야를 가로막기도 하고, 바람에 실려 꽃가루가 이동하는 것을 방해하기도 합니다. 이런 이유로 잎보다 꽃을 먼저 피우는 식물로는 산수유, 개나리, 왕벚나무, 백목련 등이 있습니다. 눈밭에서 꽃을 피우는 식물들보다는 조금 늦지만 그래도 이른 봄을 장식하는 부지런한 식물들입니다.

# 대나무는 왜 속이 텅 비었을까요?

**미스터리 의뢰자**

**생전처음** 님

　**지니** 님, 혹시 대나무로 만든 피리를 본 적 있나요? 그럼 대통밥은 먹어 봤어요? 며칠 전 대나무 숲이 있는 관광지에 갔다가 대나무 통에 담은 밥도 먹고, 대나무 피리도 구경했거든요. 둘 다 대나무 속이 텅 비어 있더라고요. 그래서 속을 다 파서 만든 거냐고 물어 봤더니, 글쎄 아니래요! 대나무는 원래 속이 텅 비어 있대요! 제 나이가 열 살이나 됐는데, 살면서 속이 빈 나무는 생전 처음 본다니까요! 도대체 대나무는 왜 속이 텅 빈 걸까요?

 **두더지에진심인편** 님 _ 혹시 두더지가 대나무 속에 굴을 판 건 아닐까요? 땅굴처럼요!

 **생전처음** 님 _ 땅속으로 다니는데 굳이 그럴 이유가 있을까요?

 **두더지에진심인편** 님 _ 땅속만 다니기 지루하겠죠. 지하철만 타다가 창밖이 내다보이는 버스를 타면 좋잖아요.

 **생전처음** 님 _ 이게 무슨 소리래요? 두더지가 사람도 아니고……. @.@

 **아무말대잔치** 님 _ 왜 비쩍 말랐는데 키만 큰 사람이 허약하잖아요. 속이 부실한 거죠. 대나무도 그런 거 아닐까요? 키만 크고 속이 텅 비었으니까요. 대나무는 나무 중에서도 가장 허약한 나무인가 봐요.

 **생전처음** 님 _ ㅋㅋㅋ 그러니까 키만 크고 속이 허약하게 텅 빈 이유는 뭘까요?

 **아무말대잔치** 님 _ 운동을 안 해서 그런가? 성장판을 자극해 줘야 하는데, 혹시 나무도 성장판이 있나요?

 **생전처음** 님 _ 에휴~! 나무가 무슨 운동을 해요!

 **맛있어서** 님 _ 대나무 속이 연하고 맛있어서 다람쥐가 파먹은 게 아닐까요? 대왕판다도 대나무만 먹잖아요. 대왕판다는 대나무 전체를 다 먹긴 하지만, 다람쥐는 이빨이 약해서 속만 파먹는 거겠죠.

 생전처음 님 _ 아, 맞다! 대나무 순은 요리 재료라고도 들었어요. 진짜 그럴지도 모르겠네요.

 맛있어서 님 _ 그래요! 죽순이요! 그거 볶아 먹으면 얼마나 맛있게요!

 서프라이즈 님 _ 놀라지 마세요. 사실 대나무는 풀입니다. 풀은 나이테가 없지요. 그래서 옆으로 안 자라고 위로만 자란답니다.

 생전처음 님 _ 헐, 대나무가 풀이라고요? 머리털 나고 처음 듣는 소리예요. 이름도 대나무잖아요. 말도 안 돼~~~!

 서프라이즈 님 _ 더 놀라운 사실도 있어요. 어떤 대나무는 100년에 한 번 꽃을 피우고 죽는대요.

 생전처음 님 _ 헉! 이제껏 대나무에게 속고 산 기분이에요. 내 10년 세월 돌려줘~~~~~!

### 지니의 미스터리 해결

생전처음 님, 대나무가 풀이라는 사실에 많이 놀라셨나 봐요. 이 세상에는 신비롭고 놀라운 일들이 아주 많죠. 특히 아무 움직임도 없이 조용하기만 할 것 같은 식물의 세계는 더욱 그렇답니다. 이제 대나무의 비밀을 하나 알았으니, 생전처음 님도 한 뼘 더 자라난 신비로운 열 살의 나이를 보낼 거예요!

✽ 대나무의 속이 텅 빈 이유에 대해 물으셨는데, 엉뚱하게도 대나무가 풀이라는 사실이 드러났습니다. 맞습니다. 대나무는 겉보기에 나무처럼 키가 크고, 나뭇잎처럼 줄기에 잎들이 매달려 있어서 나무로 보입니다. 그래서 사람들도 대나무라 불러 온 것이겠죠.

✽ 하지만 **서프라이즈** 님의 말처럼 대나무는 벼, 보리, 사탕수수, 옥수수와 같은 갈래에 속합니다. 이것들 모두가 풀이지요. 대나무도 이런 풀의 특징을 가지고 있답니다. 그중 하나로, 풀은 나이테가 없습니다.

✽ 나무에만 있는 나이테는 물관과 체관 사이의 부름켜라는 조직의 세포들이 여러 개로 나뉘어 옆으로 자라난 흔적입니다. 나무는 줄기가 굵어지는 부피 생장을 하는 동시에, 뿌리와 줄기 끝이 길어져 위로도 자라나는 길이 생장을 합니다. 하지만 나이테가 없는 풀은 가느다란 줄기로 위로만 자라나지요.

✽ 대나무 줄기를 잘 보면 툭 불거져 나온 마디가 여러 개 있습니다. 나이테가 없는 대나무는 그 마디들이 자라납니다. 그러한 마디 여러 개가 동시에 자라니 키 크는 속도가 나무보다 아주 빠르답니다.

✽ 실제로 대나무는 식물 중에 가장 빨리 자란다고 합니다. 잘 자랄 때는 하루에 1미터가 자라나는데, 소나무가 30년 동안 자라는 길이와 맞먹는다고 하네요. 그래서 '우후죽순(雨後竹筍)'이라는 말이 있습니다. 비 온 뒤에 땅 속 여기저기서 금세 자라나는 죽순처럼, 어떤 일이 같은 시기에 많이 일어날 때 쓰는 말이랍니다.

✽ 대나무의 속이 빈 이유는 줄기의 껍질과 속이 자라나는 속도가 다르기 때문입니다. 껍질 부분은 쑥쑥 자라나는데, 속 부분이 그 속도를 따라가지 못하는 것이죠. 그래서 대나무 속이 텅 비게 된답니다.

✽ 대나무는 풀이지만 꽤 오래 사는 편입니다. 풀의 대부분은 1년을 사는 한해살이 또는 2~3년 정도를 사는 여러해살이 식물이죠. 반면에 나무는 잘 자라기만 하면 100년은 물론이고 수천 년을 살기도 합니다. 대나무는 나무처럼 오래 살지는 못해도 종류에 따라서 길게는 120년까지도 산다고 합니다. 신비롭지 않나요?

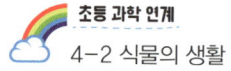

# 신비로운 대나무 꽃?!

대나무는 살면서 단 한 번 꽃이 핀다고 합니다. 대나무가 풀인 것을 생각하면 이상한 일도 아닙니다. 풀은 대부분 한두 번 꽃을 피우고 씨를 남긴 후 죽어 버리니까요.

사람들은 대나무가 나무처럼 오래 사는데도 풀처럼 단 한 번만 꽃을 피우는데다가, 일단 꽃이 피면 숲의 모든 대나무가 함께 시들어 죽는 것을 신기하게 생각했습니다.

그런데 이것은 대나무가 땅속에 있는 뿌리줄기로 번식하기 때문입니다. 처음에는 서너 그루에서 시작한 대나무가 땅속에 있는 줄기로 죽순을 키우고 다른 대나무들로 자라게 하고 또다시 번식을 해서 결국은 대나무 숲을 이룹니다. 이러한 대나무 숲의 대나무들은 땅속 뿌리줄기로 거의 다 연결이 되지요. 그래서 같은 시기에 꽃을 피우고 씨를 남기며 일제히 시들어 죽어 버리는 것입니다.

일반적으로 대나무는 꽃을 피우려면 적어도 60~120년 정도 걸린다고 합니다. 사람들은 오랜 시간 늘 푸르던 대나무들이 갑자기 꽃을 피우고 시들어 죽는 것을 보며 많이 놀랐을 것입니다. 하지만 과학적으로 보면 놀랄 일 하나 없는 자연스러운 현상이랍니다.

# 식물도 아픔을 느낄 수 있나요?

**미스터리 의뢰자**

**지끈지끈두통** 님

오늘 친구와 공원에 놀러갔는데요. 잔디밭에서 이런 문구가 적힌 안내판을 보았어요. "잔디밭에 들어가지 마세요. 잔디가 아파해요." 친구와 저는 식물이 정말 아픔을 느낄까에 관해 얘기를 나누었어요. 친구는 식물도 병들고 시들고 그러니까 아픔을 느낄 것 같다고 얘기하고, 저는 아무래도 아닐 것 같다고 했어요. 막연하게 추측만 하다 보니 결국 아무런 결론도 안 났는데, 궁금해서 머리가 지끈지끈 아플 지경이에요. 식물도 저처럼 정말 아픔을 느낄까요?

## 미스터리한 댓글 쓰기

**또뭐더라** 님 _ 식물은 빛이 있는 쪽으로 몸을 기울이잖아요. 덩굴 식물들은 무언가에 닿으면 덩굴손으로 감아 올라가고요. 또 뭐더라……. 암튼 식물도 그런 걸 느끼니까, 아픔도 느끼지 않겠어요?

**지끈지끈두통** 님 _ 식물도 조금씩 움직이나 보네요? 그러고 보니 식물한테 음악을 들려주면 잘 자란다는 말도 들어 봤어요.

**또뭐더라** 님 _ 거봐요. 보고 느끼고 듣고 다 한다니까요. 또 뭐더라, 아참, 물 흐르는 소리를 들려주면 뿌리를 그쪽으로 뻗는다고 들었어요.

**지끈지끈두통** 님 _ 하지만 눈, 코, 입, 귀가 없잖아요. 머리가 없으니 두통도 없을 거 같고요.

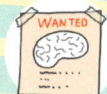
**뇌를찾아라** 님 _ 통증은 뇌가 있어야 느끼는 거 아닌가요? 신경세포가 뇌로 감각을 전달해야 하는데, 식물은 그런 게 없지 않나요?

**지끈지끈두통** 님 _ 식물한테 뿌리는 엄청 중요하잖아요. 그러면 혹시 뿌리에 뇌가 있는 거 아닐까요? 문어의 몸통과 다리 사이에 뇌가 있는 것처럼 식물도 특이한 곳에 있을지 몰라요!

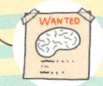
**뇌를찾아라** 님 _ 에이~ 분갈이하다가 뿌리를 본 적 있는데, 괴상하긴 해도 뇌가 있을 것 같진 않던데요.

**하찮은** 님 _ 수준 하고는! 님들도 식물처럼 뇌가 없어요? 머리가 아프다는 거 보니 의뢰자는 있는 거 같고, **뇌를찾아라** 님 빼고 왜들 이래요? 뇌가 없으면 아무것도 못 느껴요. 아주 하찮은 생물이라고요.

 **지끈지끈두통** 님 _ 굉장히 확신하시네요. 뇌가 없으면 하찮나요? 증거 있어요? '수준'을 말하니 정말 기분 나쁘네요. -_-;;

 **뇌를찾아라** 님 _ 저도 하찮은 님 생각에 반대합니다. 아픔을 모른다고 하찮은 생물이라니. -_-;; 옳지 않아요.

 **하찮은** 님 _ ㅋㅋㅋㅋㅋ 아, 여기 뇌가 있는데도 하찮은 사람들 많네~~~!

*** 하찮은 님! 댓글 예절을 지키지 않아 글쓰기 권한이 박탈되었습니다! ***

 **식물의세계** 님 _ 말을 하거나 소리는 못 내지만, 식물도 상처가 나면 화학 물질을 내뿜는다고 해요. 소나무에서 나오는 송진처럼요. 식물의 세계는 인간의 입장이 아니라 식물 입장에서 연구하고 생각해야 하지 않을까요?

 **지끈지끈두통** 님 _ 송진이 뭔진 모르지만, 식물이 아무것도 못 느낀다면 그런 물질을 내뿜지도 않겠죠? 댓글 고맙습니다. ^^

## 지니의 미스터리 해결

식물보호라고 쓰여 있잖아. 빨리 나와!

**지끈지끈두통** 님, 식물도 아픔을 느낄지에 관한 호기심은 아주 오래전부터 있어 왔답니다. 하지만 아직까지 확실히 밝혀진 것은 없어요. 잔디밭의 표지판처럼 식물을 함부로 대하면 식물이 아플 거라는 표현은 식물이 사람들에 의해 병들고 상처 입는 것을 막기 위해 나름 부드럽게 표현한 것이랍니다.

✱ 식물은 동물과 달리 눈, 코, 입, 귀 등의 감각기관이 없습니다. 감각을 받아들이는 신경 세포나 뇌도 없고요. 그렇다고 해서 식물이 빛, 냄새, 맛, 소리, 접촉 등의 자극에 반응하지 않는 건 아닙니다.

✱ **또뭐더라** 님의 말처럼, 식물은 대부분 빛의 자극에 민감합니다. 빛을 쪼이면 식물을 자라게 하는 생장 호르몬(옥신)이 빛의 반대 방향으로 몰려 그쪽의 줄기가 더 많이 자라납니다. 길이 차이가 나면서 그 반대편이 빛을 향해 굽는 것처럼 보이죠. 빛을 느끼기 때문에 낮과 밤의 차이도 알고 그에 맞게 생장 활동도 합니다.

✱ 또한 식물은 무언가에 닿으면 줄기를 감거나 잎을 오므리기도 하지요. 이것은 동물이 피부로 느끼는 촉각과 비슷합니다. 뿌리가 땅 밑, 지구 중심을 향해 자라는 것은 식물이 중력에 반응하기 때문이랍니다.

✱ 과학자들의 실험에 의하면, 식물의 뿌리는 주변 습기나 물 흐르는 소리에도 반응해 물이 있는 곳으로 자라기도 한답니다. 클래식 음악을 들었을 때 식물이 더 잘 자라난다는 실험 결과도 있다는군요.

✻ **식물의세계** 님이 말한 송진은 소나무가 상처를 입었을 때 만들어 내는 끈적끈적한 액체입니다. 송진이 상처 부위를 막아 병균과 해충이 다가오지 못하게 하고 상처를 잘 아물게 합니다. 소나무가 송진으로 상처 자극에 반응하는 것이죠.

✻ 이 밖에도 식물은 과거의 경험을 기억해 현재의 위험에 대처할 줄도 안답니다. 병충해나 세균, 외부 접촉 등으로 스트레스를 받으면 그들만의 화학 물질을 내뿜어 주변의 다른 식물들에게 이 사실을 알리고 도움을 요청한다고도 하고요.

✻ 이렇듯 식물이 자극에 반응하는 과정은 동물과 확연히 다릅니다. 동물처럼 눈, 귀, 코 등은 없지만 다른 방식으로 자극을 받아들이고 다른 방식으로 반응하지요. 재빨리 반응하는 동물에 비해 그 과정이 매우 느릴 뿐이고요.

✻ **하찮은** 님, 어떤 논리적인 설득 없이 무조건 자기주장만 내세우며 예절을 무시하면 안 됩니다. 글쓰기 권한은 한 달 후에 생깁니다.

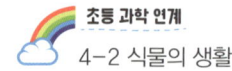

# 식물은 클래식 음악을 좋아해!

　귀도 없는 식물이 어떻게 음악을 듣느냐고요? 사실 소리는 공기가 진동하여 일으키는 자극을 우리 뇌가 소리로 받아들이는 것이죠. 마찬가지로 공기의 진동을 식물이 느끼는 것을 두고, 식물이 음악을 듣는다고 표현한 것입니다.

　미국의 어느 과학자는 스피커 옆에 호박을 심은 화분을 놓아두고 바흐의 클래식 음악을 들려줬답니다. 그랬더니 호박 덩굴이 스피커 쪽으로 자라면서 스피커를 감쌌다고 하네요. 또 시끄러운 록 음악도 들려주었는데, 이번에는 덩굴이 스피커 반대 방향으로 자랐다고 합니다. 이를 통해 식물은 바흐의 음악을 좋아한다고 짐작할 수 있었죠.

　이탈리아의 어느 포도주 제조업자도 포도나무에 모차르트 음악을 들려줬다고 하는데 스피커 가까운 곳에 있는 포도나무는 더 튼튼하고 크게 자라고 포도 맛도 아주 좋았다고 하는군요!

# 땅속에 있는 감자가 줄기라고요?

말 좀 해 봐!

....💧

**미스터리 의뢰자**

**뜨거운감자** 님

감자가 줄기라니요! 이게 말이 됩니까? 그럼 고구마도 줄기겠네요? 줄기가 땅속에서 자라기라도 한단 말이에요? 하늘을 향해 길고 곧게 자라야 줄기잖아요. 울퉁불퉁 감자가 줄기라니, 우리 집 강아지가 사실은 고양이라고 말하는 것과 똑같이 들리네요. 다루기 어려운 사회 문제를 '뜨거운 감자'라고 표현한다는데, 저한텐 감자가 줄기라는 사실이 뜨거운 감자입니다. 누가 이 뜨거운 문제를 제대로 설명해 줬으면 좋겠어요. ㅠㅠ 진짜로 땅속 감자가 줄기 맞아요?

90

 미스터리한 댓글 쓰기

 **불타는고구마** 님 _ 감자가 줄기인 건 잘 모르겠고, 고구마는 뿌리 아닌가요? 그럼 둘 다 땅속에 있는 거니까 둘 다 뿌리일 거 같은데요. 고구마 얘기하니까, 갑자기 뜨끈뜨끈한 군고구마 먹고 싶네요. ^^

 **뜨거운감자** 님 _ 저도 감자가 뿌리라고 생각합니다. 뿌리가 양분을 많이 저장해 놓아서 두꺼워진 거죠!

 **불타는고구마** 님 _ 동감입니다. 감자도 고구마처럼 구워 먹으면 맛있고 모양도 비슷하니까 뿌리 맞을 거예요.

 **엄마도모른다** 님 _ 방금 엄마한테 물어봤는데, 엄마도 잘 모른대요. 매일 찌고 볶고 삶는 감자에 대해 모르고 있었다며 지금 괴로워하세요. 대신 감자에는 비타민C가 많아 '땅에서 나는 사과'라고 부른대요. 그리고 소화가 잘된다고 하셨어요. 엄마, 이제 됐어?

 **모를수도있지** 님 _ ㅠㅠ 그, 그래, 엄마 체면 살려 줘서 엄청나게 고맙다! ^^;;;

 **뜨거운감자** 님 _ 감자에 비타민C가 많다는 거 오늘 처음 알았어요! 알려 주셔서 고마워요!

 **자세히봐야보인다** 님 _ 저도 감자가 줄기라는 사실을 알고 신기했죠. 고구마는 영양분이 뿌리에 저장된 거고, 감자는 줄기에 저장된 거래요. 자세히 보면, 감자는 땅 위에도 줄기가 있지만 땅 아래에도 줄기가 있는 거죠. 더 자세히 보면, 고구마는 길쭉하고 끝이 가늘어요. 잔뿌리도 달려 있고요. 반면 감자는 둥글고 잔뿌리가 없답니다.

**뜨거운감자** 님 _ 그러고 보니 둘이 다르게 생기긴 했네요. 거참, 신기하네요.

**자세히봐야보인다** 님 _ 그렇죠? 자세히 보고 오래 봐야 알 수 있다니까요~.

**그것이문제로다** 님 _ 땅속에 있는 연근은 길쭉하게 생겼는데, 잔뿌리는 없던데요. 숭숭 구멍도 많이 뚫려 있고요. 연근은 뿌리예요? 아니면 줄기예요? 햄릿의 "죽느냐, 사느냐 그것이 문제로다!" 가 아니고 뿌리냐, 줄기이냐 그것이 문제네요!

**뜨거운감자** 님 _ 저한테 물어보시는 건가요? 이제야 감자가 줄기라는 사실을 조금 받아들이겠는데, '연근'이라니요! '햄릿'이라니요! 그건 또 뭔가요? @.@

### 지니의 미스터리 해결

**뜨거운감자** 님, 이제 좀 식은 감자가 되어 가려는데, 연근 때문에 다시 뜨거워졌군요. ^^ 가끔 우리가 알고 있는 상식들이 가짜였다는 걸 알게 될 때가 있죠. 감자가 사실은 줄기라는 것처럼 말이죠. 잘못된 상식을 바로잡고 새로이 알게 될 때 느끼는 기쁨은 아주 짜릿하답니다!

✱ **뜨거운감자** 님과 **불타는고구마** 님처럼 많은 사람들이 감자도 고구마처럼 뿌리라고 생각합니다. 둘 다 땅속에서 자라고, 모양도 비슷한 데다가 복잡한 요리 과정 없이 찌거나 구워서 먹을 수 있으니까요.

✱ 하지만 감자는 줄기가 맞습니다. **자세히봐야보인다** 님의 말처럼, 고구마는 뿌리에 양분이 모인 덩이뿌리이고, 감자는 줄기에 양분이 모인 덩이줄기입니다. '덩이'는 무언가 작게 뭉쳐 있는 것을 말하죠.

✱ 그렇다 해도 감자는 보통 식물의 줄기와는 거리가 멀어 보이죠? 하지만 자세히 보면 줄기의 특징을 가지고 있습니다. 자, 우선 뿌리와 줄기의 차이점에 대해 알아볼까요?

✱ 대부분 식물의 뿌리는 땅속에서 물과 양분을 흡수하고 저장합니다. 끝으로 갈수록 가늘어지며 뿌리 전체에 가느다란 잔뿌리가 있죠. 줄기는 대부분 땅 위에서 식물을 지탱하며 물과 양분을 나르고 저장합니다. 가지나 잎이 나오는 마디가 줄기 군데군데 나 있고요.

＊ 고구마는 뿌리의 특징을 가지고 있습니다. 덩이졌지만 길쭉하고 끝이 가늘죠. 또 밭에서 갓 캔 고구마는 잔뿌리가 달려 있습니다. 감자는 좀 더 자세히 보아야 합니다. 감자의 움푹 들어간 부분이나 불룩 튀어나온 부분은 마디의 특징을 가지고 있습니다. 줄기인 거죠.

＊ 그렇다면 왜 감자는 줄기이면서 땅속에 있냐고요? 그것은 줄기에 변화가 일어나 형태를 바꿨기 때문입니다. 몸을 지지하는 줄기에서 영양분을 저장하는 줄기로 변하며 모습도 바뀐 것이죠.

＊ 이런 변화에 따라 땅속에서 덩이져 자라면 덩이줄기(토란, 감자), 땅속을 기어 자라면 땅속줄기(대나무), 땅 위를 기어 자라면 기는줄기(잔디, 딸기) 등으로 나눌 수 있답니다. **그것이문제로다** 님이 말한 연근은 줄기예요. 감자와는 다르게 길쭉한 몸통에 마디가 진 덩이줄기랍니다.

＊ 뿌리도 여러 형태로 나눌 수 있습니다. 대표적으로 고구마처럼 저장뿌리(당근, 무)가 있고, 바위나 진흙에 살며 땅 위에서 숨을 쉬는 호흡뿌리(풍란, 맹그로브)가 있으며, 물속 양분을 빨아들이기 위한 물속뿌리(개구리밥, 부레옥잠)가 있고, 다른 식물이나 바위에 붙어살기 위한 부착뿌리(담쟁이덩굴) 등이 있습니다.

# 감자가 인류를 구했다고?!

**엄마도모른다** 님의 말처럼, 감자에는 풍부한 영양소가 있다는 사실 알고 있었나요? 또한 자연재해나 전쟁 등으로 흉년이 들었을 때 감자가 많은 사람을 살렸다는 역사적 사실도 알고 있나요?

실제로 감자는 재배가 꽤 쉬운 편이랍니다. 다른 농작물처럼 수확하기까지 많은 손길을 필요로 하지도 않고, 비교적 찬 기온에서도 잘 자라고, 성장 기간도 3개월 정도로 아주 짧습니다. 또한 씨를 뿌리지 않아도 되심을 감자만 있으면(씨감자) 거칠고 기름지지 않은 땅에서도 잘 자란답니다.

유럽에서는 이렇게 손쉽게 기를 수 있는 감자를 밥처럼 주식으로 먹기도 했답니다. 그래서 1845년부터 수년간 아일랜드에 '감자마름병'이라는 식물 전염병이 퍼졌을 때, 감자 수확을 못해 인구의 절반이 굶어 죽고 나머지 사람들은 다른 나라로 탈출해야 했답니다. 감자만 너무 믿었던 것이죠.

영화 <마션>에서는 화성에서 혼자 남게 된 우주인이 감자를 길러 살아남는답니다. 어떤가요? 감자가 인류를 구할 만하지요? ^^

# 가지치기는 으악 왜 하는 거예요?

**미스터리 의뢰자**
**나무위의집** 님

저는 아파트 5층에 살아요. 제 방 창문을 열면 플라타너스 나무 꼭대기가 눈앞에 훤히 보인답니다. 꼭 나무 위에 사는 기분이지요. 제 꿈은 진짜로 나무 위에 집을 짓는 거예요. 새들이 눈앞에서 노래하고, 노을 지는 풍경을 그 집에서 감상하는 거죠. 그런데 오늘 학교 갔다 오니, 아파트에 있는 나무들 가지가 싹둑 잘려 나갔지 뭐예요! 글쎄, 가지치기를 한 거래요! 제 방 앞 나무도 팔다리가 잘린 것처럼 휑했어요. ㅠㅠ 도대체 가지치기는 왜 하는 건가요? 너무 속상해요!!

**가위손** 님 _ 저를 부르지 그랬어요. 영화 <가위손> 알아요? 제 손에 달린 커다란 가위로 가지를 싹둑싹둑 잘라 내면 나무가 공룡도 되고, 사람도 되고 그러잖아요. 안타깝게도 님 아파트엔 솜씨 좋은 분이 없나 보네요. 일이 없어 쉬고 있었는데, 다음엔 저를 부르세요! 꼭!

**나무위의집** 님 _ 나무가 공룡도 되고 사람도 되면 신기하긴 하겠네요. 하지만 나무는 뭐니 뭐니 해도 가지와 잎들이 풍성해야 하지 않아요? 저는 가지치기를 왜 하나 물어본 거고요.

**가위손** 님 _ 흐음, 사람도 미용실에서 머리카락을 잘라야 단정하고 멋있어지는 것처럼 나무도 그러는 건 줄 알았는데요. 따로 이유가 있을까요?

**과수원집손녀** 님 _ 우리 집이 과수원을 하는디유~. 가지치기 하면 또 우리 할배가 짱이지유~. 우리 할배가 사과나무 가지에 손만 갖다 대면 그해 사과는 저처럼 예쁘고, 겁나 크고, 설탕처럼 달달한 것이 꿀사과가 따로 없지유~. 과일나무에는 가지치기가 꼭 필요해유~!

**나무위의집** 님 _ 그러니까 가지치기를 하면 왜 과일이 크고 맛있어지는 건데요?

**과수원집손녀** 님 _ 흐음, 그건 말이쥬~. 잔가지들을 쳐 내야 영양이 과일로 잘 모여 든다고 그러든디유~!

**나무위의집** 님 _ 그런데 내 방 앞 플라타너스는 과일나무가 아니잖아요……. ㅠㅠ;;

**꼬마정원사** 님 _ 가지치기는 원래 나무를 아름다워 보이고 튼튼히 잘 자라게 하려고 하는 거예요. 그런데 겨울나무처럼 헐벗게 잘라 놓으면 오히려 나무들한테 안 좋아요. 자른 곳이 잘 아물지 못하면 해충이나 병균에 약해질 수 있으니까요.

**나무위의집** 님 _ 그렇군요. 내 방 앞 플라타너스가 아플까 봐 걱정이에요. 히잉~ ㅠㅠ 얘기해 주신 거를 관리사무소에 말해 봐야겠어요. 다음부터는 조심히 가지치기하도록 말이죠.

**꼬마정원사** 님 _ 그게 나무에 해가 될 곳과 더 자라야 할 곳을 잘 알고서 잘라야 하거든요. 함부로 막 잘라서는 안 된다고 꼭 말해 주세요.

### 지니의 미스터리 해결

**나무위의집** 님, <톰 소여의 모험>이란 책 읽어 보셨나요? 이 책에도 숲 속 나무 위의 집이 나온답니다. 상상만 해도 정말 멋진 풍경일 거 같지 않나요? ^^ 그러기 위해선 나무들이 더 튼튼하게 잘 자라야겠죠? 나무를 걱정하고 사랑하는 님의 마음에 깊이 공감합니다.

✽ 가지치기에 대해 알려면 우선 생장점이 무엇인지 알아야 합니다. 식물의 줄기, 뿌리를 자라게 하는 것이 생장점인데, 생장점은 줄기와 뿌리의 끝에 있습니다. 그래서 그 끝이 자라면서 식물은 키가 커지고, 뿌리도 땅속 깊이 내릴 수 있답니다.

✽ 가지치기는 나무의 생장점을 자르는 것입니다. 우선 정원에 많이 심는 향나무나 소나무 등을 자르는 이유는, **가위손** 님의 말처럼 모양을 보기 좋게 다듬기 위해서입니다. 줄기 끝의 생장점을 자르면 나무는 옆으로 자라고, 가지 끝의 생장점을 자르면 나무는 위로 자라게 됩니다. 부지런한 정원사의 손놀림에 따라 아주 멋진 나무들이 되지요.

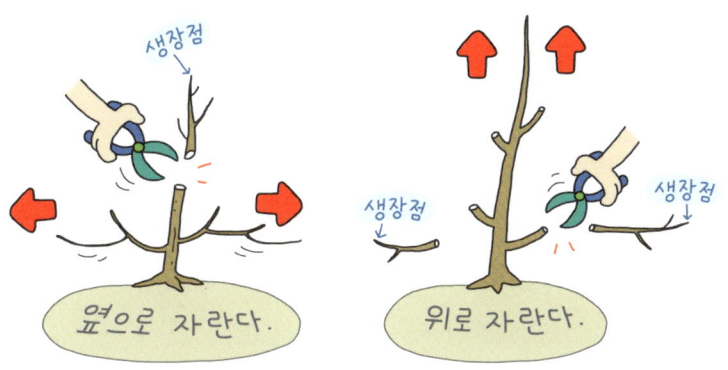

✽ 또한 나무의 건강을 위해서도 가지치기를 합니다. 가지가 너무 많으면 햇빛을 골고루 받을 수 없고, 바람도 통하지 않아 나무가 병들 수 있습니다. 이때 가지치기를 적당히 해 주면 햇빛도 잘 들고, 바람도 잘 통하죠. 그러면 병균과 해충에도 강한 나무가 된답니다.

✸ **과수원집손녀** 님의 말처럼, 과일나무는 과일에 영양을 집중하고 관리하기 쉽도록 하기 위해 가지치기를 합니다. 가지가 많아 과일이 많이 달리면 크기가 작고 맛이 덜할 수 있으니까요. 질 좋은 과일만을 선택해 키우려면 가지치기는 꼭 해야 할 일이랍니다.

✸ 가로수나 아파트 단지의 나무들도 정기적으로 가지치기를 해 주는데요. 역시 나무의 아름다운 모습과 건강을 위해서입니다. 전깃줄과 나무가 맞닿아 있거나, 햇빛을 가리거나, 해충이 생겼거나 하는 이유로 주민들이 요구하기도 합니다.

✸ 하지만 **꼬마정원사** 님의 말처럼 가지치기를 너무 무리하게 하면 보기에 좋지 않고, 나무의 건강을 해치기도 합니다. 재생 능력을 잃어버려 오히려 병에 걸리기가 쉽지요. 국제수목관리학회에서는 나뭇가지의 25퍼센트 미만으로만 가지치기하라고 안내하고 있으니, 세심한 배려가 필요합니다.

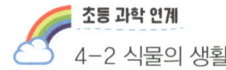

# 별난 기록의 나무들

　자연에 있는 나무들은 사람 손을 타지 않아도 스스로 아픈 가지들을 떨어뜨리기도 하고, 경쟁하면서도 질서를 지키며 균형 있게 자라난답니다. 그렇다면 지구에서 가장 키가 큰 나무와 가장 오래 산 나무는 얼마나 크고, 얼마나 오래 건강하게 살고 있는지 한번 알아볼까요?

　가장 키가 큰 나무는 미국 캘리포니아주 레드우드 국립공원에 있는 '아메리카 삼나무'입니다. 600살이 넘었는데 글쎄, 키가 116미터나 된다고 해요. 게다가 이 공원에는 이런 키다리 나무들이 수두룩하답니다. ^^;;

　입이 떡 벌어지게 오래 산 나무들은 나이테가 손상되거나 해서 나이를 정확히 측정하는 것은 불가능합니다. 키를 측정하는 것과는 다른 문제죠. 그래서 지구에서 가장 오래된 나무 중 하나만 소개하려고 합니다. 바로 미국 캘리포니아주 화이트산맥에 있는 '브리슬콘 소나무'입니다. 나이가 약 5,000살이 된다고 하네요! 이쯤 되면 화이트산맥의 산신령급이네요. ^^*

　우리나라에도 1,200살이 넘은 나무가 살고 있습니다. 바로 경기도 양평 용문사라는 절에 있는 은행나무입니다. 실제로 한번 보면 잊을 수가 없는 규모이지요!

**미스터리 의뢰자**

알쏭달쏭 님

은행은 원래 돈을 저축하는 곳이잖아요? 그런데 씨앗을 저축해 놓은 은행이 있대요. 왜 씨앗을 저장하는 걸까요? 당장 먹을 수 있는 쌀이나 열매를 저장하는 것도 아니고 그냥 씨앗이잖아요. 가뭄이 들었다고 해도 씨앗을 먹을 수는 없잖아요? 설마 씨앗은행에 저장한 식물들이 앞으로 멸종할 거라 생각하고 대비하는 걸까요? 참, 알쏭달쏭해요! 씨앗은행은 도대체 어떤 곳이에요?

수상해요　놀라워요　궁금해요　겁나요

**먹깨비** 님 _ 에이~ 거짓말! 우리 주변에 먹을 게 얼마나 많은데요. 가뭄이 들든 홍수가 나든, 무슨 원시 시대도 아니고 설마 굶어 죽기야 하겠어요? 씨앗은행이 있을 이유가 없다고요.

**알쏭달쏭** 님 _ 그렇긴 하죠? 하지만 어느 나라에선 아이들이 굶어 죽기도 하고 우리나라만 해도 굶는 어린이나 노인들이 많대요. 참, 알쏭달쏭해요! 우리 집에도 음식은 넘쳐 나거든요.

**먹깨비** 님 _ **알쏭달쏭** 님이 그렇게 말하니 저도 긴가민가해요. 과연 전 세계인이 먹을 만큼 음식은 충분한가! 빵을 만드는 밀이 멸종한다면, 나는 어떻게 살 것인가! 빵 없는 세상은 상상만 해도 무서웡~~~!

**디스토피아** 님 _ 은행에 저금을 하는 이유가 다 미래를 위한 거잖아요. 미래에 전쟁이 날 수도 있는 거고, 지구 환경이 점점 바뀌어서 우리가 주식으로 먹는 벼, 밀, 감자, 옥수수 같은 거에 병이 생길 수도 있고요. 먼 미래를 위해서 씨앗은행은 꼭 필요할 것 같은데요.

**알쏭달쏭** 님 _ 으악, 갑자기 무서워요! 그런데 님의 닉네임은 무슨 뜻이에요?

**디스토피아** 님 _ '디스토피아'는 어둡고 우울한 미래를 뜻해요. 반대말은 '유토피아'죠. 뭐, 저도 미래가 유토피아면 좋겠지만, 뭐든 대비해 놓는 건 좋으니까요.

**알쏭달쏭** 님 _ 그렇군요. 디스토피아가 올지, 유토피아가 올지 참, 알쏭달쏭해요!

**씨앗은행홍보대사** 님 _ 우리는 식물로부터 식량, 약, 옷, 집, 종이 등의 원료를 얻습니다. 또한 식물은 생물들이 살아갈 수 있도록 떠받치는 생태계의 아주 중요한 자원입니다. 씨앗은행은 그런 식물 자원을 보존하고 지키는 일을 한답니다.

**알쏭달쏭** 님 _ 아, 그렇군요……. 블록을 쌓았을 때 제일 밑바닥에 있는 블록이 무너지면 위의 것들도 다 무너지니까요. 그런데 씨앗은행에서는 이 세상의 모든 씨앗을 저장하나요?

**씨앗은행홍보대사** 님 _ 그, 그것까진 외우질 못했는뎅……. -_-;; 지니 님, 빨리 나와 주세용~~~!

### 지니의 미스터리 해결

**알쏭달쏭** 님, 씨앗은행이 있긴 있다는데 과연 필요한 곳인지, 어떤 일을 하는 곳인지 무척 궁금하시죠? 아마 대부분의 사람들은 씨앗은행이란 곳이 있는지조차 몰랐을 거예요. 하지만 앞으로 씨앗은행은 사람들에게 아주 중요한 곳이 될 수도 있답니다. 피가 부족한 환자에게 꼭 필요한 혈액은행처럼 말이죠.

씨앗을 저금하려는 거야?

✻ 씨앗은행은 식물의 씨앗만을 저장하는 곳입니다. 중요한 식량 자원이 되는 식물, 약으로 개발할 수 있는 식물, 우리나라에만 있는 토종 식물의 씨앗을 주로 저장한답니다. 온도와 습도만 적당히 유지하면 몇 년에서 몇천 년까지 꽤 오래 저장할 수 있지요.

✻ 그렇다면 씨앗을 왜 저장할까요? 우선은 식물들의 전염병에 대비하기 위해서입니다. 아일랜드에서는 감자마름병으로 감자를 못 먹게 되자 많은 사람들이 굶어 죽었습니다. 씨앗은행에 저장된 종자로 여러 품종의 농작물을 개발하고 기른다면, 전염병이 생긴 하나의 식물 때문에 사람들이 굶어 죽는 일은 없어지겠죠.

✻ 또 **디스토피아** 님의 말처럼, 빠르게 변화하는 지구 환경과 오염에 의해 식물들이 사라져 가는 것도 대비해야 합니다. 매년 2만 5,000종에서 5만 종이나 되는 식물들이 멸종된다고 하는군요. 이럴 때 필요한 식물을 다시 되살려 이용하려면 씨앗은행이 꼭 필요하지요.

✻ 식물은 전쟁이나 화재, 태풍 같은 자연재해에도 매우 약합니다. 씨앗은행이 있다고 안심할 수는 없습니다. 실제로 인도네시아는 쓰나미로, 필리핀은 태풍으로, 아프가니스탄과 이라크에서는 전쟁으로 씨앗은행이 훼손되었죠. 이런 이유로 씨앗을 한 장소에 보관하는 것은 위험해서 세계 여러 나라가 곳곳에 씨앗은행을 두고 있답니다.

✱ 식물은 새로 발생한 전염병과 당뇨 등의 고치기 어려운 질병을 치료하는 데도 중요한 자원입니다. 그런 자원은 국가의 재산이 되지요. 미술이나 문학 창작물의 저작권이 작가에게 있는 것처럼, 토착 식물의 씨앗과 유전자는 그 식물이 자라는 국가에 있기 때문입니다. 그래서 연구나 개발의 목적으로 토착 식물의 씨앗과 유전자를 이용하려면 그 나라에 사용료를 내야 합니다.

✱ 우리나라는 1987년부터 국립농업유전자원센터에서 씨앗은행(종자은행)을 운영하고 있습니다. 약 15만 점이 넘는 씨앗과 약 4만 점에 이르는 토종 씨앗, 1만 5,000점이 넘는 DNA 정보를 보관하고 있다고 하네요! 우리나라는 우리 땅에서만 자라는 토종 식물이 많아서 외국에 씨앗과 유전자를 빼앗기는 일이 없도록 더 세심히 토종 씨앗을 보호해야 한답니다.

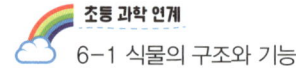

6-1 식물의 구조와 기능

# 스발바르 국제종자저장고를 아시나요?

북극과 가까운 노르웨이의 스발바르라는 섬에는 2008년 특별한 씨앗 저장고가 생겼습니다. 100미터가 넘는 땅속 터널을 지나면 일 년 내내 영하의 온도가 유지되는 3개의 창고가 나옵니다. '스발바르 국제종자저장고'라고 부르는 곳이죠. 우리나라를 포함해 전 세계 1,750여 개의 씨앗은행에서 보내온 씨앗들이 100만 종 이상 보관되어 있답니다.

이곳은 유엔(UN, 국제연합)과 노르웨이 정부가 함께 만들었는데, 놀랍게도 핵전쟁과 지진, 소행성 충돌에도 견딜 수 있게 지어졌다고 하네요. 지구가 최악의 상황이 되고 인류가 사라질 위기까지 대비하는 것이죠. 그래서 사람들은 성서에 나오는 '노아의 방주' 또는 '지구 최후의 날 저장고'로 부르기도 한답니다.

하지만 이곳을 만든 사람들은 그런 최악의 상황보다는 기후 변화로 인한 식량 부족과 혼란에 대비하는 것을 더욱 중요하게 여긴다고 합니다. 실제로 전쟁과 자연재해로 여러 씨앗은행이 파괴되었기 때문에 씨앗을 좀 더 안전하게 지켜 내기 위해 국제적인 협력이 필요했고 그것을 실천한 것이죠.

그러니 미차클의 어린이 여러분은 스발바르 국제종자저장고에서 지구 앞날의 암울함을 볼 것이 아니라, 그것을 이겨 내기 위해 경쟁을 넘어서 협력하는 인류의 새로운 희망을 보아야 하겠지요! ^^*

# 선인장은 물 없는 사막에서 어떻게 살아요?

**미스터리 의뢰자**
고독한선인장 님

지구 위 생명체는 물 없이 살 수 없는 게 맞죠? 그런데 사막에서 자라는 선인장은 어떻게 살 수 있는 거예요? 생긴 것도 온통 가시로 뒤덮여서 엄청 까칠해 보이고, 나비나 꿀벌 같은 곤충 친구들도 없을 거 같고, 선인장은 사막에서 굉장히 고독할 거 같아요. 그래서 저는 더 선인장에 관심이 가요. 비도 오지 않는 뜨거운 곳에서 가시 돋쳐 우뚝 서 있는 모습이 왠지 굳세어 보여서요. 미차클 여러분, 선인장은 물 없는 사막에서 어떻게 살아가는 걸까요?

## 미스터리한 댓글 쓰기

**우주평화** 님 _ 선인장은 외롭지 않습니다. 외계인 친구들이 있으니까요. 쉿! 비밀이에요! 사실은 선인장이 사는 곳 지하에 우주 기지가 있어요. 외계인들은 선인장 모양의 우주선을 타고 이곳에 착륙한답니다. 우주선에 달린 가시 때문에 아무도 접근을 못하죠. 게다가 사막이라서 지나다니는 사람도 없죠! 쉿!

**고독한선인장** 님 _ 에엥? 거기서 도대체 뭘 하는데요?

**우주평화** 님 _ 쉿! 우리는 우주 평화를 위해 일하고 있습니다. 선인장은 걱정하지 마세요. 그곳에서 일하는 요원들이 몰래 선인장에 물을 공급해 주고 있으니까요. 선인장 가시는 우주와 교신하는 안테나 역할도 하기 때문에 꼭 관리해야 하죠. 쉿! 특급 기밀이에요!

**물탱크** 님 _ ㅋㅋㅋㅋ 특급 기밀을 이렇게 버젓이 떠벌려요? ^^;; 아무튼! 제 생각에 선인장은 몸통이 굵고 기니까 물이 몸통에 가득 차 있을 거 같아요. 안 그러고선 그 메마른 땅에서 살 수가 없잖아요.

**고독한선인장** 님 _ 아, 몸통이 물탱크 같은 거군요! 그럴 수 있겠어요. 비가 올 때마다 가득 저장해 놓고 조금씩 쓰나 봐요!

**물탱크** 님 _ 선인장의 가시는 사막을 오가는 동물들이나 사람들이 몸통 속 물을 뺏어 먹을까 봐 방어하기 위해 날카롭게 돋은 거고요! 그럴듯하죠?

**고독한선인장** 님 _ 네, 정말 그럴 듯해요. 식물들 가시는 대부분 방어용이니까요.

 **돌림노래** 님 _ 저는 선인장의 가시는 잎이 변한 거로 알고 있어요. 그렇게 변한 이유가 있겠죠? 왜 변했을까요?

**고독한선인장** 님 _ 에엥? 저한테 물어보는 건가요? 잎이 가시로 변한 거라면 광합성은 도대체 어디서 해요?

**돌림노래** 님 _ 어머, 이젠 저한테 물어보는 건가요? 광합성을 어디선가 한다면 그곳이 엽록소 때문에 초록색일 텐데요. 선인장에 초록색이 어디 있죠?

 **고독한선인장** 님 _ 에엥? 다시 저한테 물어보는 건가요? 몸통이 초록색이긴 하던데……. 우리 둘이서 지금 돌림노래 하는 것 같아요. 이러다간 끝이 안 나겠어요. ^^;; **지니** 님~! 도와줘요~!

## 지니의 미스터리 해결

짜잔~! 부르셨나요? **고독한 선인장** 님! 넓디넓은 황량한 사막에 거친 모래바람이 불어오고 황야의 무법자가 말을 타고 가고 있습니다. 보이는 거라곤 누런 모래와 메마른 덤불들, 그리고 가시로 뒤덮인 선인장뿐이네요. 선인장은 서부영화의 배경으로 꼭 나오는 식물이기도 하죠. ^^

✽ 식물의 생긴 모습을 보면 그 식물이 살아가는 곳이 어떤 환경인지 짐작할 수 있습니다. 선인장의 모습도 마찬가지입니다. 사막이란 환경에서 선인장이 어떻게 적응했는지를 알 수 있지요.

✽ 사막은 1년에 비가 250밀리미터 이하로 오는 곳을 말합니다. 매우 건조해서 대부분의 식물이 살아가기 힘들죠. 하지만 이런 거친 환경에서도 선인장은 살아남았습니다. 환경에 적응한 결과이지요.

✽ 선인장은 두터운 줄기에 가시가 나 있는데, **물탱크** 님이 말한 몸통이 바로 줄기입니다. 가시는 **돌림노래** 님의 말처럼 잎이 변한 것인데, 메마른 환경에서 공기 중에 수분을 뺏기지 않으려고 잎을 뾰족하게 바늘처럼 만들었죠. 이 뾰족한 가시로 천적들로부터 자신을 지키기도 하고요.

✽ 대신 잎이 하는 광합성과 호흡의 역할은 줄기가 맡았습니다. 또한 비가 왔을 때 물을 저장해 놓는 역할도 두터운 원통형의 줄기가 하고

있습니다. 뿌리도 땅속 깊이 뻗어 있는데 조금이라도 더 많이 물을 빨아들이기 위해서랍니다.

✱ 선인장처럼 물을 저장하는 조직이 발달한 식물을 '다육식물'이라고 부릅니다. 다육식물의 잎은 대부분 매끈하게 윤이 나는 층으로 덮여 있어서 건조한 환경에서도 수분을 뺏기지 않을 수 있답니다. 잎이 두꺼운 편이어서 비가 올 때 물을 저장해 놓을 수도 있고요.

✱ 사막 식물의 또 하나의 특징은 서로 듬성듬성 떨어져 자라난다는 사실입니다. 다 물 때문이지요. 사막에서 다닥다닥 붙

어 자라면 물을 차지하기 위한 경쟁이 심해질 것이고, 결국 모두 물이 부족해질 수 있습니다. 그래서 서로 일정한 간격을 유지해 자라난답니다.

✱ **우주평화** 님, 덥고 메마른 사막에서 외계인들과 선인장도 기르며 우주의 평화를 지키느라 고생이 많습니다! ^^;;

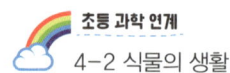

# 고산 지대의 식물들

　고산 지대는 해발 2,000미터 이상의 산으로 이루어진 곳을 말합니다. '해발'은 육지나 산의 높이를 잴 때 쓰는 말인데 바닷물 표면으로부터의 거리를 측정합니다. 혹시 한라산이나 지리산에 가 본 적 있나요? 이 산들은 해발 1,900미터를 훌쩍 넘기 때문에 정상에 오르면 고산 지대와 환경이 비슷하답니다. 몹시 춥고 바람이 강하게 불지요. 그곳 식물들은 혹독한 환경에 적응한 모양으로 자라납니다.

　우선 고산 지대에서 자라는 대부분의 풀과 꽃들은 키가 몹시 작습니다. 10센티미터 정도의 작은 키로 비교적 따뜻한 지표면 가까이 붙어 자라거나 눈 속에서 매서운 바람을 피하기 때문에 얼거나 메말라 죽지 않는답니다.

　고산 지대의 나무들은 둥근 지붕 모양의 형태로 자라거나, 바람이 부는 방향으로만 가지를 뻗으며, 거의 누워서 자라기도 합니다. 이것은 거세게 부는 바람을 정면으로 맞지 않기 위해서랍니다. 그래야 가지가 꺾이거나 상처 입는 일이 없을 테니까요.

　혹시 높은 산의 정상에 올라간다면 그곳에 있는 식물들은 어떤 형태를 하고 있는지 자세히 관찰해 보아요!

# 버섯의 정체는 도대체 뭘까요?

**미스터리 의뢰자**
식물수사대 님

지금 엄마는 표고버섯을 넣어 된장찌개를 끓이고 있습니다. 그런데 말이죠. 엄마 말에 의하면, 표고버섯은 잘라 낸 통나무에서 키운다고 했습니다. 그리고 색이 진한 갈색으로 초록색이라곤 찾아볼 수가 없지요. 심지어 꽃도 없고 잎도 없습니다. 자, 뭔가 수상하지 않나요? 버섯은 과연 식물일까요? 그렇다고 움직이는 동물도 아니고, 정체가 뭘까요? 식물수사대 요원 여러분, 지금부터 버섯의 정체를 밝혀 봅시다!

## 미스터리한 댓글 쓰기

**요원1** 님 _ 당연히 식물 아니에요? 숲에서 자라잖아요. 나무처럼 줄기도 있고, 모자처럼 생긴 건 나뭇가지랑 잎들이 모여 있는 거고요.

**식물수사대** 님 _ 그럴까요? 그럼 뿌리는 어디 있을까요?

**요원1** 님 _ 뿌리는 안 먹어서 엄마가 떼어 버렸겠죠. 어라? 그런데 엄마가 버섯 다듬을 때 뿌리는 못 본 것도 같고……. 흐음, 아닌가? 갑자기 헷갈리네요. ㅠㅠ

**양송이홀릭** 님 _ 오늘은 버섯 미스터리군요! 저는 양송이버섯을 좋아해요. 삼겹살과 같이 구워 먹는데, 오동통하면서 부드럽게 씹히는 맛이 최고죠! 그런데 채소 맛도 고기 맛도 아니긴 해요. 수상하다~!

**식물수사대** 님 _ 제 취향은 팽이버섯입니다. -.-;; 아무튼 식물 말고 뭔가 우리가 생각지 못한 생물일 수도 있겠어요.

**요원1** 님 _ 생물은 동물, 식물, 미생물로 나눌 수 있대요! 그럼 미생물인가? 미생물은 눈에 안 보이는 아주 작은 생물 아닌가요? 버섯은 눈에 잘 보이는데……. @.@

**현미경눈** 님 _ 미생물은 균류나 단세포생물 같은 거예요. 진화가 덜 된 단순한 구조의 아주 작은 생물체를 말해요. 현미경으로나 자세히 볼 수 있죠. 곰팡이도 미생물에 속해요. 곰팡이는 어둡고 축축한 곳에서 자란다는 것 알고 있죠? 그런데 버섯도 그래요. 혹시 버섯은 곰팡이와 비슷한 종류가 아닐까요?

 **식물수사대** 님 _ 게다가 곰팡이는 주로 썩은 음식에 생기잖아요. 버섯도 죽은 나무나 썩은 나뭇잎이 쌓인 곳에서 자란대요.

 **요원1** 님 _ 오오! 그럼 버섯은 커다란 곰팡이일까요??

 **양송이홀릭** 님 _ 우웩! 그럼 제가 좋아하는 양송이가 균 종류인 곰팡이라고요?

 **수사반장** 님 _ 님들의 의견을 종합해 보면, 버섯은 식물이 아닐 확률이 높습니다. 엽록소도 없어 보이니 광합성을 할 것 같지 않고, 꽃이나 잎, 뿌리도 없죠. 동물은 더더욱 아니죠. 남은 건 하나, 미생물! 균이 모인 것이든 뭐든 미생물 덩어리일 가능성이 제일 큽니다!

 **식물수사대** 님 _ 저도 **수사반장** 님 말에 동의합니다! 우리 몸도 미생물 덩어리나 다름없다고 하던데, 버섯 정도야 식물이 아니어도 놀랄 일은 아니죠!

오, 문제를 해결했어!

**지니의 미스터리 해결**

**식물수사대** 님, 빈틈없는 수사 덕에 미스터리한 버섯의 정체를 드디어 밝히셨네요! 대단합니다! ^^* 여러분의 논리적인 추측과 토론에 박수를 보냅니다. 맞습니다. 놀라실 분이 많겠지만 버섯은 균류에 속한답니다!

✷ 버섯이 미생물인 균류에 속한다는 사실은 **식물수사대** 님의 말처럼 그리 놀랄 일이 아닙니다. 각종 세균, 바이러스, 곰팡이를 포함한 미생물이 우리 몸의 세포 수만큼 또는 그보다 훨씬 더 많이 살고 있으니까요.

✷ 그러니 지구도 거대한 미생물 덩어리라고 말할 수 있습니다. 버섯이 커다란 곰팡이 덩어리라는 **요원1** 님의 말 역시 틀린 말이 아닙니다. 하지만 대부분 숲에서 자라기 때문에 식물로 착각하기 쉽지요.

✷ **수사반장** 님의 말처럼 버섯은 뿌리, 줄기, 잎이 없고, 엽록소가 없어 광합성을 못합니다. 식물이 아니죠. **현미경눈** 님 말처럼 버섯은 미생물 중 균류에 속하고, 곰팡이나 효모 등도 같은 균류입니다.

✷ 버섯은 축축하고 따뜻한 곳에서 잘 자랍니다. 죽은 동물이나 식물이 썩기에 좋은 환경이죠. 이렇듯 버섯은 썩은 나무 밑이나 낙엽 더미 등에서 자라며 죽은 생물이나 배설물 등에서 영양분을 얻습니다.

✷ 버섯이 영양분을 얻는 과정에서 죽은 생물들의 몸이나 배설물은

점점 작게 분해되어 기름진 흙으로 돌아갑니다. 다른 식물과 동물이 살아갈 가장 기초적인 양분이 되는 것이죠. 그래서 버섯을 '숲의 청소부'라고 부른답니다.

✽ 버섯이 숲에서 자라나는 과정을 함께 살펴봅시다. 버섯은 '자루'와 '갓'으로 이루어졌는데 꼭 우산처럼 생겼습니다. 갓의 안쪽에는 수많은 주름이 있고 그 속에 '홀씨(포자)'가 있습니다. 버섯은 홀씨를 땅에 떨어뜨려 자손을 퍼뜨립니다.

✽ 홀씨는 어둡고 축축한 곳에서 싹을 틔우는데, 이때 팡이실(균사)이라는 가는 실들이 얽히고설켜 자라납니다. 이 팡이실들이 덩어리져 위로 자라나면 버섯이 되는 것입니다.

✽ **양송이홀릭** 님, 버섯은 미식가들에게 인기 있는 요리 재료죠. 하지만 야생에서 자라는 버섯은 함부로 먹으면 안 됩니다. 우리가 먹는 버섯과 생김새가 비슷한 독버섯이 아주 많으니까요.

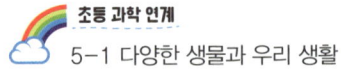

# 미역은 식물일까?!

　미역은 바다에서 자라는 식물 아니냐고요? 대부분 그렇게 생각할 것입니다. 하지만 자로 재듯 정확하게 이것은 식물, 저것은 동물 하고 나뉘지 않는 것도 많답니다. 대표적인 것이 미역, 김, 다시마 같은 해조류인데요. 생물을 나누는 분류에 의하면, 해조류는 식물이 아니라 원생생물에 해당합니다.

　원생생물이란 단어가 낯설지요? '원생'이란 진화하지 못하고 발생한 시기의 단순한 구조를 그대로 가진 생물들을 말해요.

　미역의 뿌리와 잎은 식물과 비슷하게 생겼어요. 하지만 미역의 뿌리는 식물처럼 물과 양분을 흡수하는 것이 아니라 바위 등에 붙어 있기 위한 것입니다. 미역의 잎은 광합성을 하기 때문에 식물과 역할이 비슷하지요.

　게다가 해조류는 바다의 깊이와 햇빛이 도달하는 양에 따라 녹조류(파래, 청각 등), 갈조류(다시마, 미역 등), 홍조류(김, 우뭇가사리 등)로 나누는데, 녹조류는 식물의 특징을 더 많이 가지고 있습니다.

　정리해 보면, 미역은 광합성 작용이나 모양 등으로 구분하면 식물처럼 보이지만, 식물과는 달리 단순한 구조와 기관으로 되어 있기 때문에 원생생물로 분류한답니다.

# 개구리밥은 정말 개구리의 밥인가요?

**미스터리 의뢰자**

개굴개굴 님

여러분, 개구리밥은 개구리가 먹는 게 당연한 거겠죠? 아빠는 파리를 잡아먹는 개구리가 풀이 입맛에 맞겠냐면서 웃으셨어요. 그런데 엄마는 어릴 적에 개구리가 얼굴에 잔뜩 개구리밥을 묻히고 있는 걸 많이 봤다면서, 밥풀이 입술 주위에 묻는 거랑 똑같다고 하셨어요. 개구리밥은 개구리가 먹는 게 당연하다면서요. 지금 두 분 사이에 의견 차이로 찬바람이 불어요. -_-;;; 개구리밥은 정말 개구리의 밥일까요? 미스터리를 풀고 빨리 두 분을 화해시켜야 합니다!

 **흔적찾기** 님 _ 엄마 분 말이 맞는 거 같아요. 뭔가를 먹으면 흔적이 남죠. 주로 입술 주위에! 개구리라고 별수 있나요? 흔적을 남길 수밖에!

 **개굴개굴** 님 _ 지금 거울을 보니 내 입술에 빨간 소스가……. 떡볶이 먹었거든요. 왠지 저도 엄마 말이 맞는 거 같아요.

 **흔적찾기** 님 _ 그것 봐요! 사실 저도 입술 주위에 까만 소스가 묻어 있네요. 짜장면 먹었거든요. 헤헤!

 **이름이증거다** 님 _ 흐음, 토끼는 토끼풀을 먹던데요. 제가 직접 봤어요. 그러니까 당연히 개구리밥도 개구리가 먹겠죠. 이름 지은 사람이 뭐 개구리가 먹지도 않는데 개구리밥이라고 지었겠어요?

 **개굴개굴** 님 _ 그럼 '토끼풀'도 '토끼밥'으로 이름 지어야죠. '개구리밥'이 아니라 '개구리풀'이라고 하던가요.

 **이름은이름일뿐** 님 _ '애기똥풀'이나 '노루오줌' 같은 재미있는 식물 이름이 애기의 똥이나 노루의 오줌과 직접 관련이 있는 건 아니잖아요. 그러니까 개구리밥이라고 해서 개구리랑 꼭 직접 관련이 있을 것 같진 않아요.

 **찬찬히** 님 _ 지레짐작들만 하지 말고, 개구리밥에 대해 찬찬히 알아보면 되잖아요! 성급한 사람들 같으니! 개구리밥은 물이 좋아 물에 사는 '수생식물'이래요. 연못이나 호수에 동그랗고 작은 세 개의 잎을 띄우고 살고요. 광합성을 하고 몸 전체로 물속 양분을 흡수한대요.

 **개굴개굴** 님 _ 그래서요? 지금 아빠는 씩씩대며 '수생식물' 검색하고, 엄마는 팔짱 끼고 보고 있어요. 서로 자기가 맞는다고 으르렁대요. 빨리 알아봐 주세요.

 **찬찬히** 님 _ 왜 이렇게 재촉하나요? 찬찬히 조사해 봅시다. 음, 그러니까, 에헴, 그래서, 어라? 개구리밥 설명인데 개구리 얘기는 하나도 안 나오네. -.-;;

 **개굴개굴** 님 _ 헐, 찬찬히 해도 뭐 별 거 없네요!

 **이래봬도** 님 _ 참, 헛수고들 많이 하네요. 개구리 먹이를 알아보면 답이 나올 텐데요. 개구리는 몸집은 작지만 이래봬도 곤충과 애벌레 등을 먹고 사는 육식 동물이라고요.

 **개굴개굴** 님 _ 아! 풀만 먹을 것 같았는데 대박 반전! 그런데 지금 엄마 아빠는 개구리밥이 부유식물인지, 부엽식물인지 의견이 갈려 또 으르렁대고 있어요. 누가 좀 말려 줘요~! @.@

**지니의 미스터리 해결**

**개굴개굴** 님, 부모님께서 토론을 좋아하시나 봅니다. ^^ 으르렁대는 게 아니라 목소리가 좀 크신 거죠? ^^;; 아무튼 개구리밥이란 식물 하나로 여러 단어들이 나왔네요. 애기똥풀부터 수생식물, 부유식물, 부엽식물까지! 자, 저랑 다시 찬찬히 알아볼까요? ^^*

✲ **찬찬히** 님의 말처럼 뭔가를 알려면 그것에 대해 더 자세히 알아봐야 합니다. 짐작이나 추측은 알아낸 여러 사실들을 바탕으로 해야 하고요. **찬찬히** 님이 결국 답을 찾지는 못했지만, 사실을 알아보려는 태도는 아주 좋았답니다.

✲ 개구리밥은 수생식물 중 부유식물에 해당합니다. '수생식물'은 물 위나 물속, 물가에 사는 식물을 말한답니다. 개구리밥은 주로 연못이나 물이 들어찬 논에 잎과 뿌리를 띄우고 있습니다. 그래서 수생식물 중 떠다닌다는 뜻을 가진 '부유식물'에 해당한답니다.

✲ 개구리는 물과 육지를 오고 가며 생활하는 양서류이자 **이래봬도** 님의 말처럼 육식성 동물입니다. 개구리는 곤충, 애벌레뿐만 아니라 자기보다 몸집이 작으면 물고기나 작은 짐승도 먹습니다.

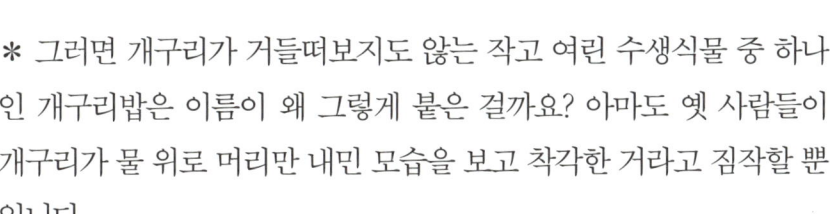

✲ 그러면 개구리가 거들떠보지도 않는 작고 여린 수생식물 중 하나인 개구리밥은 이름이 왜 그렇게 붙은 걸까요? 아마도 옛 사람들이 개구리가 물 위로 머리만 내민 모습을 보고 착각한 거라고 짐작할 뿐입니다.

✱ 물 위로 들어 올린 개구리의 머리에 개구리밥이 수북이 올라앉아 있었기 때문이죠. 만약 개구리밥이 몸 전체가 물 위에 떠 있는 부유식물이 아니라면 개구리 머리 위에 묻어 있을 이유가 없답니다.

✱ 개구리밥처럼 식물의 이름에는 재밌는 것이 많이 있습니다. 모두 모양이나 냄새, 색 등이 무엇인가를 떠올리게 해서 붙은 이름이에요. 애기똥풀은 줄기를 꺾으면 노랑색 즙이 나오는데 그것이 꼭 애기가 눈 똥을 떠올리게 해 그런 이름이 붙었고, 노루오줌은 뿌리를 캐내 냄새를 맡아 보면 노루 오줌 냄새가 난다 해서 붙은 거예요. 여기서 잠깐! 토끼풀은 실제로 토끼가 먹는 풀이 맞답니다!

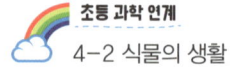

# 물이 좋아 물에 사는 식물들

개구리밥처럼 물에 사는 식물에도 사는 형태에 따라 다양한 종류가 있다는 것 알고 있나요? 크게 네 가지로 나눌 수 있는데요. 부유식물, 부엽식물, 침수식물, 정수식물이 그것입니다.

**＊부유식물(개구리밥, 부레옥잠, 생이가래, 물상추 등)** _ 잎과 뿌리 등 몸 전체가 물 위에 떠다닙니다. 주로 잎에 공기주머니가 있어 물에 뜨고, 뿌리가 빈약합니다. 뿌리뿐만 아니라 잎에서도 양분을 흡수할 수 있어요.

**＊부엽식물(수련, 가시연 등)** _ 뿌리는 물 아래 흙 속에 있고 잎만 물 위에 떠서 삽니다. 대부분 식물의 기공(숨구멍)은 잎의 뒷면에 많은데, 부엽식물은 잎의 윗면에 기공이 있어요.

**＊침수식물(검정말, 붕어마름 등)** _ 물속에 완전히 잠겨 삽니다. 주로 물속 생물이 알을 낳거나 숨을 곳으로 삼지요. 어항 안에 물풀로 흔히 키우는 식물이 침수식물 중 하나인 검정말이랍니다.

**＊정수식물(갈대, 애기부들 등)** _ 뿌리는 물가의 흙 속에 있고 줄기와 잎은 물 위로 자랍니다. 뿌리가 주로 진흙 속에 있기 때문에 공기를 뿌리까지 전달하기 위한 조직(통기조직)이 발달했어요. 물을 깨끗이 정화하는 역할을 해서 물가에 일부러 심기도 하고, 새들의 보금자리가 되기도 합니다.

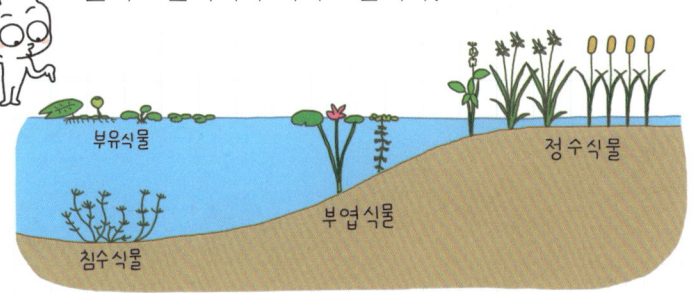

# 밤은 열매일까요, 씨앗일까요?

**미스터리 의뢰자**
**까도까도** 님

저는 깐 밤을 정말 좋아한답니다. 하얀 속살을 오도독오도독 씹으면 은은한 단맛이 입 안 가득 퍼지잖아요. 두꺼운 밤껍질을 하나하나 까서 제 입에 넣어 주시는 할머니한테 고마울 따름이에요. 그런데 밤은 가시가 잔뜩 돋은 밤송이에 둘러싸여 있고, 그걸 까면 또 단단한 겉껍질이 나오고, 또 떫은맛의 속껍질이 나오잖아요. 껍질이 세 개나 돼서 먹기에 아주 까다로운 거 같아요. 그런데 밤은 열매인가요, 아니면 씨앗인가요? 갑자기 궁금해졌어요.

## 미스터리한 댓글 쓰기

**맛없어씨** 님 _ 설마 씨앗을 먹기도 하나요? 씨앗은 단단한 껍질에 둘러싸여 있어서 소화도 안 되고 맛없지 않나요? 밤은 맛있으니까 복숭아 같은 열매 아닐까요?

**까도까도** 님 _ 저도 씨앗은 떫어서 퉤퉤 뱉게 되더라고요. 그런데 밤도 껍질을 안 까면 떫던데……. 헷갈리네요. ^^;;

**맛있어씨** 님 _ 우리가 먹는 밥이 볍씨의 껍질을 벗긴 거 아닌가요? 맛만 좋던데요. 쌀 말고도 옥수수나 콩도 씨앗이에요. 이건 몰랐죠?

**까도까도** 님 _ 헉! 그래요? 밥이 씨앗으로 만든 거라니, 세 끼 밥 꼬박꼬박 챙겨 먹은 제가 갑자기 창피해지네요. ㅠㅠ

**맛있어씨** 님 _ 모를 수도 있죠. 처음부터 아는 사람이 어디 있어요. 다 배워서 아는 거지. 저도 책에서 보고 알았어요.

**껍데기의왕** 님 _ 밤은 그래도 잘 까지는 편이죠. 호두는 망치로 내리쳐야 까진답니다. 단단한 껍데기로 치면 최고죠! 까는 건 힘들지만 속살이 너무 맛있는 걸 어떡해요.

**까도까도** 님 _ 단단한 껍데기라면 호두가 일등이네요!

**핵주먹** 님 _ 어라, 나는 주먹으로 내리치면 다 부서지던데! 나는 수박도 새끼손가락으로 쪼갤 수 있어요!

 **껍데기의왕** 님 _ 헐, **핵주먹** 님은 주먹보다 허풍이 핵폭탄급입니다!

 **그때그때달라요** 님 _ 제 생각에 밤은 단단한 껍질이 열매이고 하얀 속살이 씨앗인 거 같아요. 대부분은 열매를 맛있게 먹고 씨앗은 버리잖아요. 그런데 밤이나 잣, 호두 같은 견과류는 열매를 버리고 씨앗을 먹는 거죠. 맛이 있느냐 없느냐, 때로는 독이 있느냐 없느냐에 따라 열매가 버려질 수도 있고 아니면 씨앗이 버려질 수도 있는 거 아닐까요?

 **까도까도** 님 _ 앗, 그렇군요! 그때그때 다른 문제였어요! 식물에 따라서 열매보다 씨앗이 훨씬 더 맛있을 수 있다는 거네요. 대박 반전!!!

## 지니의 미스터리 해결

**까도까도** 님, 고슴도치처럼 생긴 밤송이를 보면 저걸 어떻게 먹을 수 있을까 싶죠. 그런데 툭 하고 밤송이가 터지고, 그 안에 숨어 있던 윤기가 찰찰 흐르는 알밤들을 보고 있자면 침이 저절로 고입니다. 식물의 열매는 종류에 따라 참 다양한 모습을 하고 있는 것 같아요! ^^

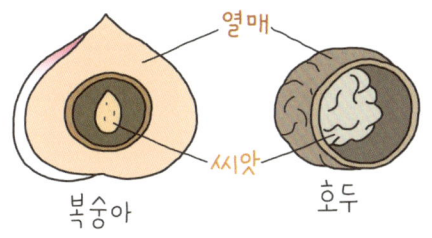

\* 열매는 씨앗을 감싸 보호하는 역할을 합니다. 씨앗은 식물의 자손을 퍼뜨릴 중요한 부분이기 때문이죠. 대부분의 사람들은 열매라고 하면 달고 맛있는 과일을 먼저 떠올립니다. 생각해 보면 과일이 아닌 열매도 얼마든지 많은데 말이죠.

\* 예를 들어, **맛있어씨** 님의 말처럼 쌀, 보리, 콩, 옥수수, 밀과 같은 곡식은 열매가 아닌 씨앗을 먹습니다. **까도까도** 님과 **껍데기의왕** 님이 말한 밤과 호두 등 견과류는 껍데기가 굉장히 단단한데, 그 부분이 바로 열매입니다. 이런 곡식류와 견과류는 대부분 씨앗을 먹지요.

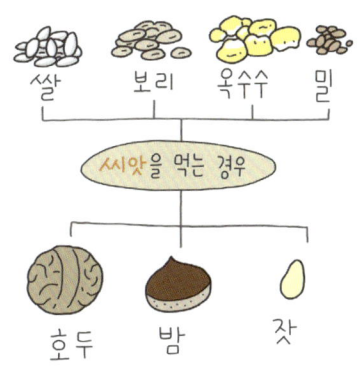

\* 꽃이 피고 씨방에 밑씨를 가지고 있는 식물을 속씨식물이라고 합니다. 속씨식물이 꽃가루받이(수분)에 성공하면 씨방이나 꽃받침 등이 변화해 열매가 되죠. 견과류나 곡식류도 속씨식물의 기관들이 열매로 변화한 것으로, 열매가 바싹 마르고 딱딱해 맛이 없는 대신 씨앗이 고소한 것이랍니다.

✻ 반면 속씨식물 중 씨방이 열매로 변한 것으로는 복숭아, 수박, 감, 포도 등이 있습니다(참열매). 꽃받침이 열매로 변한 것으로는 딸기, 사과, 석류 등이 있고요(헛열매). 이러한 열매들은 견과류와 다르게 씨앗은 맛이 없지만 씨앗을 보호하는 열매는 즙이 풍부하고 새콤달콤 맛이 있지요.

✻ 그런데 밤은 왜 단단한 껍질이 세 번이나 감싸져 있을까요? 씨앗이 싹을 터 자손을 퍼뜨리기도 전에 동물이 다 먹어 없애 버릴까 봐 그렇답니다. 손을 대기도 힘든 가시 돋친 밤송이와 딱딱하고 떫은 껍질들이 하얗고 맛 좋은 밤 씨앗을 지켜 준 것이지요.

✻ 참고로 우리나라 밤은 세계적으로 인정하는 맛이라고 합니다. 영양이 풍부한 건 말할 것도 없고요. 이런 밤나무를 우리의 산과 들에서는 흔히 볼 수 있으니 얼마나 고마운지 모릅니다. ^^*

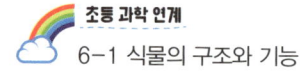

# 겉씨식물보다 속씨식물이 많은 이유?

우선 단어부터 간단히 알아볼까요? 겉씨식물은 밑씨가 밖으로 드러나 있는 식물이고, 속씨식물은 밑씨가 씨방 안에 들어 있는 식물입니다. 밑씨가 꽃가루받이에 성공하면 나중에 씨가 되고요.

속씨식물은 하나의 꽃 안에 암술과 수술이 있습니다. 주로 곤충의 도움으로 꽃가루받이를 하고, 열매와 씨앗이 만들어진답니다. 그 열매와 씨앗은 주로 동물에 의해 다른 곳으로 옮겨져 새로운 식물로 탄생하고요.

겉씨식물은 암꽃과 수꽃이 따로 핍니다. 수꽃의 꽃가루가 바람에 날려 암꽃에 전해져야 꽃가루받이를 하고 열매와 씨앗을 만들 수 있죠. 겉씨식물에는 소나무, 은행나무, 전나무 등이 있습니다.

원래 아주 오래전 지구에는 겉씨식물이 더 많이 살고 있었는데, 이제는 속씨식물이 훨씬 더 많답니다. 겉씨식물의 구조가 자손을 퍼뜨리는 데 더 불리하기 때문이지요. 암꽃과 수꽃이 따로 피는 데다가 바람이 부는 대로 꽃가루가 날아다니니 꽃가루받이에 성공할 확률이 낮으니까요.

그래서 지금은 겉씨식물이 670여 종만 남아 있고, 자손을 퍼뜨리는 데 더 유리하게 진화한 속씨식물의 숫자가 훨씬 많아지게 된 것이랍니다.

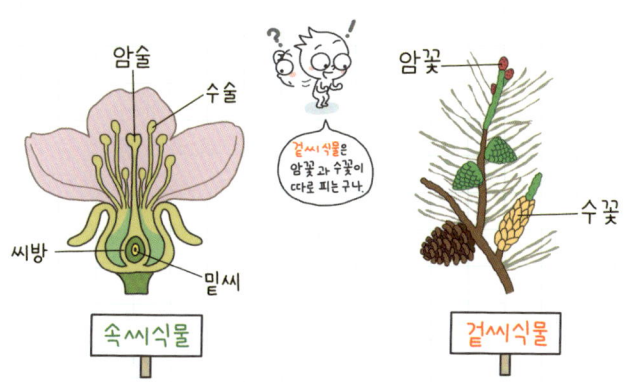

# 가로수에 알맞은 나무들이 따로 있나요?

**미스터리 의뢰자**
가로수디자이너 님

참 이상해요! 이 세상에 나무가 얼마나 많은데, 우리나라 가로수에는 왜 플라타너스나 은행나무만 있는 거죠? 플라타너스 잎은 너무 커서 펄럭거리고 낙엽으로 떨어지면 지저분해요. 은행나무 잎은 노랗게 물드는 건 예쁘지만 열매가 떨어져 터지면 이상한 냄새가 나요. 꽃이 예쁜 장미나무나 귤이 열리는 귤나무나 웅장한 소나무 같은 걸 심으면 안되나요? 혹시 가로수에 알맞은 나무들이 따로 있는 걸까요? 우리나라 길도 좀 예쁘게 꾸며 주자고요~~!

**황금응가** 님 _ 은행나무 열매 냄새는 제 조카 황금 응가 냄새랑 똑같아요. 전 향기롭던데요. ㅋㅋ 게다가 은행잎이 노랗게 물들면 정말 멋지잖아요. 멋진 단풍을 위해서 냄새쯤은 참아야 할 거 같아요.

**가로수디자이너** 님 _ 으윽, 저는 바닥에 떨어진 열매가 신발에 밟힐까 봐 신경 쓰는 게 정말 싫어요. 지독한 냄새를 안 맡기 위해서 노란 단풍쯤은 포기할 수 있다고요!

**은행나무변호사** 님 _ 냄새 괜찮던데요. 길 지저분해지는 건 한 달쯤 참으면 되고요. 은행나무는 해충에 강하고 병에도 잘 안 걸려서 오래 산대요. 가로수로 최고죠!

**튼튼나무** 님 _ 뭐니 뭐니 해도 가로수는 도시에서 자라니까 삭막한 환경을 잘 이겨 내야 해요. 태풍이나 가뭄에도 잘 자라야 하고요. 장미나무는 가로수로는 너무 약해요. 게다가 가시도 많고요.

**가로수디자이너** 님 _ -_-;; 가로수에 꽃이 피면 사람들 마음이 밝아지잖아요. 그런 점에서 장미나무를 말한 것뿐이에요.

**튼튼나무** 님 _ 대신 벚나무가 있잖아요. 봄이면 하얗고 예쁜 꽃을 피우고 튼튼하게 잘 자라서 좋던데요.

**딴지걸기** 님 _ 가로수는 그 지역의 기후나 상징에 잘 맞아야 하잖아요. 귤나무는 제주도처럼 따뜻한 곳에서나 자라는 나무 아닌가요?

**가로수디자이너** 님 _ 그런가요? 스페인이나 그리스에선 오렌지나무가 가로수라고 하길래……. ㅠㅠ

**딴지걸기** 님 _ 게다가 소나무는 잎이 뾰족한 침엽수라 여름에 그늘이 잘 안 만들어지고, 봄에 꽃가루도 엄청 날려요. 대신 플라타너스는 잎이 커서 그늘이 확실하죠!

**가로수디자이너** 님 _ 그, 그런가요. 플라타너스, 은행나무, 벚나무가 가로수로 많이 있는 이유가 있었네요. 제 생각이 짧았어요. 인정! ^^;;

**취미가악플달기** 님 _ 가로수디자이너? 가로수로 장미나무라니 상상만 해도 어이없고 웃긴다! 부모님이 이렇게 사는 거 알고 있나? 어디 가서 가로수디자이너라고 잘난 척하지 마라!!

**가로수디자이너** 님 _ 뭐죠? 이 악플은? 저 아세요? 왜 우리 부모님까지! 정말 기가 막혀! **지니** 님! 도와주세요! ㅠㅠ

＊＊＊ **취미가악플달기** 님! 남을 비난하는 악플로 글쓰기 권한이 박탈되었습니다! ＊＊＊

## 지니의 미스터리 해결

**가로수디자이너** 님, 악플 같은 것은 그저 무시해 버리고 힘을 내세요! 저는 님의 의견도 길의 쓰임이나 지역 환경과 연관해 참고해 볼만 하다고 생각합니다. 실제로 가로수의 나무 종류를 좀 다양하게 해 보자는 말이 나오고 있고, 시도하고 있으니까요! ^^

✽ 가로수는 길을 따라서 줄지어 심어 놓은 나무를 말합니다. 왜 길에 나무를 심은 걸까요? 우선은 가로수를 심어서 차와 사람이 다니는 길을 구분 지어 안전을 확보할 수 있습니다. 기둥이나 인공적인 울타리보다 나무가 보기에도 편안하고 아름다우니까요.

✽ 또한 가로수는 매연과 먼지로 오염된 도시의 공기를 깨끗이 해 줍니다. 광합성으로 산소를 내놓으니까요. 뜨거운 여름, 도시의 온도를 조절하기도 합니다. 증산작용을 통해 주변의 온도를 낮추는 것이죠. 또 그늘을 만들어 오가는 사람들의 휴식처가 되어 주고요.

✽ 가로수의 무성한 가지와 넓은 잎들은 여러 소음도 줄여 줍니다. 일종의 방음벽 역할을 하는 것이죠. 또한 아름답고 특성 있는 나무들을 골라 심어 그 지역에서만 볼 수 있는 멋진 길을 만들기도 합니다.

✽ 가로수를 보러 사람들이 몰려드니 관광지가 되기도 하지요. 실제로 전라남도 담양의 메타세쿼이아 길과 경상남도 하동의 십리벚꽃길 등은 지역을 대표하는 꽤 유명한 길이랍니다.

✽ 아무 나무나 가로수가 되는 것이 아닙니다. 어느 정도 조건을 갖춰야지요. **튼튼나무** 님의 말처럼, 우선 가로수는 공기가 오염되고 사람이

붐비는 척박한 환경에 주로 심어지니 생명력이 강해야 합니다.

✻ **은행나무변호사** 님의 말처럼 해충과 질병에 강해야 하는 건 물론이고요. 또한 보기에도 좋아야 하니, 여름에는 초록이 돋보이고 가을에는 단풍이 아름다우면 더욱 좋습니다.

✻ 우리나라는 이러한 조건들을 생각해 주로 은행나무, 벚나무, 양버즘나무(플라타너스), 이팝나무 등을 많이 심습니다. 요즘은 도시의 환경과 기후 조건도 바뀌고 있고, 아름다움을 보는 기준도 달라지고 있어서 가로수로 심는 나무의 종류가 더욱 다양해지고 있답니다.

✻ **취미가악플달기** 님, 닉네임을 바꾸는 게 어떨까요? 댓글 창은 악플을 담는 쓰레기통이 아니에요. 글쓰기 권한은 한 달 후에 발생합니다.

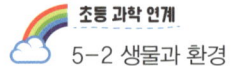
5-2 생물과 환경

# 도시를 식히는 커다란 양산

요즘 지구는 점차 올라가는 온도로 가뭄과 태풍 등 이상 기후에 시달리고 있습니다. 하루빨리 숲을 늘리고 탄소를 줄여서 지구 온난화를 막아야 하지요. 그 하나의 방법으로 '도시의 가로수 심기'가 있습니다.

우리나라에서 그 일을 가장 적극적으로 추진해 효과를 본 도시가 있습니다. 여름에 가장 더운 도시로 손꼽히는 대구입니다. 아프리카만큼 덥다고 해서 '대프리카'라고 불리기도 하니까요.

대구는 1996년부터 지금까지 4,700만 그루가 넘는 나무를 심었습니다. 주로 가로수를 통해 도시의 숲을 조성해 왔죠. 대구의 중심가에는 양버즘나무, 메타세쿼이아, 대왕참나무, 단풍나무 등이 줄지어 있습니다.

건물 3층 높이의 가로수가 두 줄로 심어진 곳은 커다란 양산이 되어 뜨거운 태양열로부터 시민들을 보호합니다. 먼지와 소음까지 막아 쉴 곳을 만들어 주지요. 가로수 길을 걷는 시민들은 나무 그늘 덕분에 그나마 여름을 견딜 수 있다고 말한답니다.

가로수가 있는 보도는 가로수가 없는 보도보다 표면 온도가 평균 2~3도나 더 낮아진다고 하는군요. 도시에 숲을 만들고 가로수를 심는 것이 기후 위기에 대응하는 진짜 멋진 방법이라고 할 수 있지요!

# 채소를 왜 색깔별로 먹어야 해요?

**미스터리 의뢰자**
**채소싫소** 님

우리 엄마는 채식주의자예요. 뭐 저한테는 골고루 먹어야 하는 나이라고 고기를 주긴 해요. 그런데 매번 밥 먹을 때마다 채소도 한 접시씩 주지요. 게다가 엄마는 채소를 색깔별로 먹어야 건강에 좋다고 빨간색, 노란색, 보라색, 주황색, 녹색 채소를 섞어 매번 주신답니다. 색깔은 예쁜데, 으으~~ 정말이지 저는 별 맛도 없는 채소가 싫어요! 도대체 왜 채소를 색깔별로 먹어야 해요? 채소면 채소지, 색깔마다 영양이 다르기라도 한 거예요?

**토나와** 님 _ 채소를 매번 밥 먹을 때마다 한 접시씩이나 먹는다고요? 우와! 대단해요! 저는 생각만 해도 "우웩!" 토 나올 거 같아요. 그런데 엄마가 채식주의자라고요? 그건 혹시 직업 같은 건가요?

**채소싫소** 님 _ ^^;; 직업은 아니고요. 고기나 생선 같은 건 안 먹고 채소나 곡식, 과일 같은 것만 먹는 사람을 말해요.

**토나와** 님 _ 헐, 그럼 몸이 허약하시겠어요. 고기를 먹어야 힘이 나는데!

**채소싫소** 님 _ ^^;; 생각보다 엄청 건강하세요.

**채소무지개** 님 _ 엇! 저 어디서 들어본 거 같아요. 빨간색 토마토나 보라색 블루베리, 초록색 상추, 이렇게 다양하게 무지개 색으로 먹어야 한댔어요. 색깔에 따라 영양소가 다 다르다고요.

**채소싫소** 님 _ 그럼 빨주노초파남보로 먹어야 해요? 밥상이 엄청 화려해지겠어요. 저는 뭐 비슷하게 먹고 있긴 해요. -_-;;

**풀떼기보다고기** 님 _ 차라리 채소보다 고기를 두세 접시씩 매번 먹어야 하는 거 아니에요? 채소 같은 풀떼기에 무슨 영양이 있다고 그래요? 고기에는 우리 몸에 꼭 필요한 단백질과 지방이 있잖아요. 풀떼기에는 기껏해야 섬유질 같은 거나 있겠죠, 뭐!

**꼬기보다채소 님** _ 육식보다 채식이 면역력을 올리는 데 좋다는 말 못 들어봤어요? 채소를 안 먹고 살아갈 수는 있지만 병에 잘 걸리는 몸이 된다고요. 그리고 전 채소가 맛있어요. 아삭 씹히는 느낌도 좋고 몸이 저절로 건강해지는 것 같아요.

**골고루 님** _ 우리 쌤이 그러는데, 성장기 어린이는 음식을 골고루 먹어야 한댔어요. 모든 영양소가 골고루 필요하다고요. 식물에는 파이토컬…… 그러니까 파이토카…… 에잇 파이토뭐시기라는 게 있는데 색깔마다 다 다르고 영양소도 다르대요. 그러니까 색깔별로도 골고루 먹으면 좋은 거죠.

**채소싫소 님** _ 그래요! 파이토케미컬! 엄마가 말하는 거 들어봤어요. 식물에서만 섭취할 수 있는 영양소들이요! 골고루 님 말이 맞아요. 저도 먹다 보면, 채소가 맛있어질 날이 오겠죠. 제 몸을 위한 거니까요! ^^;;

**지니의 미스터리 해결**

채소싫소 님, 곧 '채소좋소'라는 닉네임으로 바꿀 날이 있을 거예요. 저도 김밥에 있는 당근과 시금치를 다 빼고 먹을 정도로 채소를 싫어했는데, 서서히 채소의 맛을 알겠더라고요. 그리고 채소를 자주 먹으면서 몸이 건강하고 가벼워지는 걸 느꼈답니다. 지니는 램프에도 들어가야 하고, 하늘도 날아야 해서 꼭 몸이 가벼워야 하거든요. 하하! ^^;;

✱ 요즘 어린이들은 채소와 과일을 충분히 섭취하지 못한다고 합니다. 대신 빨리 조리해 낸 고열량의 패스트푸드를 먹는 일이 더 많아졌지요. 라면, 과자, 음료 등을 통해 탄수화물을, 햄버거와 피자, 프라이드치킨을 통해 안 좋은 지방을 너무 많이 섭취합니다.

✱ 그렇다면 채소는 왜 꼭 먹어야 할까요? 또 왜 색깔별로 먹어야 할까요? 패스트푸드나 밥과 고기만으로는 살 수 없는 걸까요? 물론 그런 것들만 먹고 살 수는 있습니다. 하지만 채소를 먹지 않고서는 우리 몸에 필요한 다양한 영양소를 충분히 섭취할 수 없답니다. 그러면 **꼬기보다채소** 님의 말처럼 얼마 안 가 건강이 안 좋아질 수 있고요.

✱ 식물성 식품(채소, 과일, 곡물 등)에는 동물성 식품(육류, 생선, 계란 등)에 없는 물질이 있습니다. '파이토케미컬'이라는 물질인데, 우리 몸의 세포를 지키고 면역을 높이는 이로운 역할을 한답니다.

＊ 파이토케미컬은 아주 다양한 종류가 있는데, 각 식물의 색깔과 모양, 맛을 결정하기도 합니다. 그래서 **골고루** 님의 말처럼 빨강, 노랑, 주황, 보라, 초록 등 색깔별로 채소를 먹으면, 그에 따른 각각의 다른 파이토케미컬을 먹게 되는 것이죠.

＊ 자, 그럼 색깔별로 어떤 파이토케미컬이 있는지 알아볼까요? 토마토, 비트 같은 빨간색 채소에는 '라이코펜'이 풍부해 암세포가 생기는 것을 막아 준다고 합니다. 당근, 단호박 같은 노란색 채소에는 '베타카로틴'이 있어 눈을 건강하게 하고 면역력을 높인다는군요.

＊ 가지, 콜라비 같은 보라색 채소에는 '안토시아닌'이 많아서 노화를 방지하고 혈액 순환을 좋게 합니다. 브로콜리, 상추 같은 초록색 채소의 '클로로필'은 간에 좋다고 하고요. 마늘, 양파 등의 흰색 채소에 있는 '알리신'은 위암과 심장병을 예방한다고 하네요!

＊ 이러한 영양소는 껍질에 많아서 껍질째 먹는 것이 좋고, 기름에 볶거나 생으로 먹는 등 그 물질에 알맞은 조리법으로 먹어야 효과가 더욱 좋습니다. 또한 간편하게 영양제로 먹기보다는 재료를 직접 요리해 먹는 것이 우리 몸에 더 잘 흡수된다고 해요.

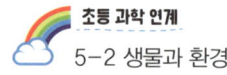
5-2 생물과 환경

# 꽃을 먹는다고요?!

　꽃은 눈으로 보며 즐기는 것으로만 알았는데, 먹을 수도 있다니 신기하죠? 하지만 옛날에는 잔치나 제사에 '화전'이란 떡을 만들어 먹었고, 매년 봄이 오면 '화전놀이' 하는 날(음력 3월 3일)을 정해 둘 정도로 꽃으로 만든 음식을 좋아했답니다.

　화전은 찹쌀가루를 동그랗게 반죽해 기름에 지지다가 그 위에 진달래, 개나리, 국화 등의 꽃잎을 얹어 만든 떡을 말해요. 화전놀이는 겨울이 가고 드디어 봄이 온 것을 즐기기 위해 주로 여자들이 모여 화전을 부쳐 먹으며 즐기던 봄놀이를 말하고요.

　꽃은 음식의 색을 아름답게 만들고 향을 돋우어 입맛을 돋게 하는 목적으로 주로 사용하지만, 꽃에도 파이토케미컬이 풍부하게 들어 있답니다. 특히 짙은 보라색에 가까운 꽃일수록 '안토시아닌'이 아주 많이 들어 있다고 해요. 안토시아닌 색소는 산성 흙에서는 붉은색을, 알칼리성 흙에서는 푸른색 계열의 꽃을 피워서 환경에 따라 다양한 색으로 나타난답니다.

　참! 꽃을 먹을 때는 독성이 있는 꽃을 먹지 않도록 조심해야 해요. 진달래와 비슷하게 생긴 철쭉에는 독이 있대요. 그리고 유기농으로 재배한 꽃만 먹도록 해야 해요. 일반 꽃들에는 농약이 묻어 있을 수 있으니까요!

# 담쟁이는 왜 벽에 붙어 기어올라요?

**미스터리 의뢰자**

골목대장 님

저는 우리 동네에 있는 거라면 돌멩이 하나까지 다 알아요. 친구들이랑 매일 노니까요! 그런데 오늘따라 낯선 풍경이 눈에 딱 들어왔어요. 매일 보던 건물에 잎이 세 갈래로 갈라진 웬 식물이 한쪽 벽을 덮고 있지 뭐예요! 친구가 그건 담쟁이덩굴이래요. 이 골목에 대해 나보다 더 많이 알다니 골목대장 자리가 위태로워요. ㅠㅠ 도대체 이 담쟁이란 식물은 왜 벽을 타고 오르죠? 골목대장 자리를 지키려면 이유를 꼭 알아야 해요!

**식물히어로** 님 _ 식물 세계의 스파이더맨 같은 거죠. 아니 어쩌면 스파이더맨보다 더 강력한 히어로일지 몰라요! 벽을 타고 높이 오르면서 그 골목의 악당을 감시하는 거예요. 악당이 나쁜 짓을 저지르면 줄기로 휘감아 잡으러 가야 하니까요!

**골목대장** 님 _ 우리 동네 골목 악당은 제가 감시하고 있단 말이에요! 설마 담쟁이덩굴한테 대장 자리를 빼앗기진 않겠죠?

**식물히어로** 님 _ 식물이라고 우습게 봤네요. 담쟁이가 있는 것도 몰랐다면 골목대장 자격이 없는 거 아닐까요?

**골목대장** 님 _ 으아아앙! 하다못해 식물한테 밀리다니!! -.-;;

**걱정말아요** 님 _ ㄱㅋ 담쟁이는 햇빛을 좀 더 많이 받고 싶은 거예요. 담쟁이는 혼자서는 곧게 서지 못하니 담이나 벽에 딱 붙어 등산하듯 기어오른답니다. 자, 이제 대장 자리는 지킬 수 있겠죠?

**골목대장** 님 _ 아하! 그런 거라면 다행이에요! 저는 아주 씩씩하게 혼자서도 우뚝 설 수 있으니까요!

**골목부대장** 님 _ 야! 내가 안 가르쳐 줬으면 너 그게 담쟁이덩굴이라는 것도 몰랐잖아. 미안하지만 대장 자리는 나한테 넘겨야겠다!

**골목대장** 님 _ 쳇! 너도 여기 회원이었어? ㅠㅠ

**그골목천재 님 _** 식물의 줄기는 보통 곧고 튼튼하게 위로 자랍니다. 그런데 줄기가 제 역할을 못하는 식물도 있어요. 나팔꽃도 그렇고, 호박 덩굴도 그렇고 다른 나무나 담장, 벽 같은 걸 의지하고 자라야 그나마 햇빛을 볼 수 있지요. 찾아보면 주위에 이런 덩굴식물들이 아주 많답니다.

**골목대장 님 _** 그골목천재 님? 님도 우리 골목 사나요? 아무래도 대장 자리는 님에게 넘겨줘야 할 거 같네요. ㅠㅠ 난 너무 무식해~~~~! 그런데 누가 풀로 붙여 놓은 것도 아니고 어떻게 벽에 딱 붙어 있는 건가요?

**그골목천재 님 _** 덩굴을 자세히 보면 가지 마디마다 꼬불거리는 가느다란 실 같은 것을 볼 수 있어요. 그게 덩굴손이라는 건데, 거미 발바닥처럼 물체에 꼭 감겨서 붙어요. 그리고 저는 책 읽기에 바빠서 대장 자리엔 관심이 없답니다. ^^;;

## 지니의 미스터리 해결

**골목대장 님**이 활약하고 다니는 그 골목은 왠지 악당이 나쁜 짓도 못하고 평화로울 것 같습니다. ^^ 돌멩이 하나까지 다 알고 있으니까요! 게다가 스파이더맨처럼 단단히 벽을 지탱하며 기어오르는 식물 세계의 히어로 담쟁이덩굴도 있고요! 이번 기회에 덩굴식물에 대해서도 배워 대장 자리를 지키는 건 어떨까요? ^^

✻ **걱정말아요** 님의 말처럼, 담쟁이덩굴은 보통의 나무들이 하늘을 향해 자라는 것처럼 줄기가 위로 곧게 자랄 수 없답니다. 그래서 주변 나무 기둥이나 울타리, 담장, 건물 벽 등을 의지해 살아가야 해요. 그래야 그나마 높은 곳으로 올라가 광합성을 할 수 있기 때문이죠.

✻ 이렇게 줄기가 다른 물체에 의지해 감거나 뻗쳐 나가며 덩굴로 자라는 식물을 '덩굴식물'이라고 합니다. 덩굴식물에는 고구마처럼 줄기가 땅바닥을 의지해 기는 것도 있고, 등나무나 능소화, 나팔꽃처럼 나무나 전봇대 같은 긴 기둥을 감고 올라가는 줄기도 있습니다.

✻ 또한 **그골목천재** 님의 말처럼 덩굴손이 발달하여 다른 물체를 휘감고 기어오르는 것도 있습니다. 포도나무, 호박, 오이가 그렇지요. 덩굴손은 줄기나 잎이 변한 것으로 줄기의 마디에서 나오며 마치 손처럼 다른 물체를 잡아타고 올라갑니다.

✻ 담쟁이덩굴은 덩굴손 끝에서 '부착뿌리'가 발달해 밋밋한 벽도 스파이더맨이 높은 건물을 기어오르는 것처럼 딱 붙어 잘 기어오른답

니다. 부착뿌리는 다른 물체에 닿은 부분에만 생기며 양분이나 물을 흡수하는 기능보다 물체에 달라붙어 식물의 몸을 지탱해 주는 역할을 합니다.

✱ 이런 덩굴식물은 울창하게 자라나 자신의 기둥이 되어 준 나무를 죽이기도 합니다. 덩굴식물에 자리를 내준 나무가 결국은 덩굴식물의 잎들 때문에 광합성을 할 수 없기 때문이죠.

✱ 하지만 이런 덩굴식물에게도 천적은 있습니다. 그것은 바로 덩굴식물이면서 기생식물이기도 한 '새삼' 같은 식물입니다. 새삼은 같은 동족인 덩굴식물에게도 꼭 달라붙어 양분을 빨아먹을 수 있거든요. 좀 무시무시하지요? ^^;;

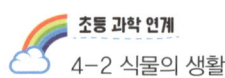

# 덩굴식물도 '갈등'한다?!

　무슨 말이냐고요? 우선 '갈등'이란 단어의 말뜻부터 알아볼까요? 사람들 간에 서로 원하는 것이 다르거나, 누구는 이익을 보는데 누구는 손해를 보는 관계에 있을 때 우리는 '갈등 관계'에 있다고 말합니다. 또 서로 협력하지 못하고 자꾸 싸우거나 충돌할 때도 갈등한다고 하고, 두 가지 사이에서 선택을 하지 못할 때도 갈등 상태에 있다는 표현을 씁니다.

　예를 들어, 어느 집에 엄마와 딸이 있습니다. 엄마는 딸이 공부를 하길 바라고 딸은 밖에 나가 놀고 싶습니다. 그러면 둘 사이에는 갈등이 발생합니다. 자, 이제 잘 알겠지요?

　사실 갈등이란 말은 덩굴식물인 칡과 등나무의 관계에서 나온 말입니다. '갈'은 한자로 '칡 갈(葛)' 자이고 '등'은 '등나무 등(藤)' 자입니다. 이 둘은 기둥을 잡고 감아 올라가는 방향이 서로 다릅니다. 칡은 시계 반대 방향으로 왼쪽에서 오른쪽으로 감아 올라가고(오른쪽 감기), 등나무는 시계 방향으로 오른쪽에서 왼쪽으로 감아 올라간답니다(왼쪽 감기).

　만약 칡과 등나무가 같은 기둥을 타고 올라간다면 감고 올라가는 방향이 서로 달라 엉키고 꼬여 버리겠지요. 이렇게 서로 반대되는 입장이어서 잘 풀리지 않는 것을 옛사람들은 '갈등'이란 말로 표현한 것이랍니다.

# 불로초가 정말 있을까요?

**미스터리 의뢰자**
효녀의꿈 님

아아! 불로초를 찾습니다! 먹으면 늙지도 않고 죽지도 않고 영원히 산다는 그 풀을 찾고 있습니다! 찾으면 편찮으신 할머니, 할아버지께 먼저 드리고, 남으면 엄마, 아빠께, 그래도 남으면 박물관에 기증하겠습니다! 그 옛날 중국의 황제가 찾아 헤맸다던 그 약초는 정말 있는 걸까요? 아니면 그냥 전설 속 이야기일까요? 설마 풀을 먹는다고 정말로 영원히 살 수 있을까요? 여러분, 불로초가 진짜 있다면 뭘 하고 싶으세요? 아무튼 불로초, 말만 들어도 미스터리합니다!

**헛된꿈** 님 _ 아빠한테 물어보니 불로초는 아주 오래전에 믿던 전설이라는데요. 지금은 말도 안 되는 얘기래요. **효녀의꿈** 님, 꿈은 좋지만 그걸 찾으려면 2,000년 전으로 시간 여행이라도 해야 할걸요~!

**효녀의꿈** 님 _ 역시 그런가요? 제 꿈이 무너지고 있어요. ㅠㅠ

**헛된꿈** 님 _ 불로초 찾기 전에 타임머신부터 발명해야 할지도 몰라요.

**미래의CEO** 님 _ 저는 그런 약을 만드는 제약회사를 세우는 게 꿈입니다! 만약 제가 불로초를 찾는다면 약으로 만들어 비싸게 팔 겁니다. 그럼 떼돈을 벌 수 있지요! 웃하하하!

**효녀의꿈** 님 _ 저보다 더 커다란 꿈을 가지셨네요. 그런데 갑자기 든 생각인데 그 약을 비싸게 팔면 부자들밖에 살 수 없잖아요. 그럼 너무 불공평하지 않을까요?

**미래의CEO** 님 _ 그런 약들은 원래 다 비싸다고요. 하지만 제가 좀 싸게 팔게요. 1+1도 괜찮겠죠? 헤헷!

**소년심마니** 님 _ 진시황제의 불로초 얘기인가 봐요? 그 불로초가 우리나라의 인삼이라는 말도 있었어요. 실제로 야생 산삼은 약효가 굉장하대요. 캐기도 어려워서 부르는 게 값이라고 할 정도로 비싸고요. 영원히 늙지 않고 죽지 않는 것까지는 아니어도 아주 귀중한 약초랍니다.

**효녀의꿈** 님 _ 그래서 인삼, 홍삼 같은 걸 먹는군요. 제 용돈으로 살 수 있을지 모르겠어요. ㅠㅠ 그런데 어떻게 그렇게 삼에 대해 잘 아세요?

**소년심마니** 님 _ 제가 산삼 캐는 심마니거든요. 할아버지 따라 다니면서 약초에 대해 많이 배웠답니다. ^^

**보건복지부장관** 님 _ 불로초가 정말 있다면 국가에 기증해야 하지 않을까요? 모두가 평등하게 약을 사용할 수 있도록요. 아무튼 지금 과학으로는 세포가 늙고 병드는 것을 막을 수 없습니다. 하지만 오래전부터 식물을 연구해 다양한 약을 만들어 온 것은 사실이지요.

**효녀의꿈** 님 _ 그렇군요. 으음, 불로초는 없지만 주로 식물이 약이 되는 건 맞나 봐요. 그런데 진짜 보건복지부 장관이세요?

**보건복지부장관** 님 _ 아니요, 히히! 국민의 건강을 지키는 모습이 멋있어서 닉네임으로 정해 봤어요. ^^;;

## 지니의 미스터리 해결

**효녀의꿈** 님, 미스터리 의뢰만 들어도 부모님께서 얼마나 기뻐하실지 상상이 갑니다. 님의 착한 마음만으로도 힘이 불끈 솟으시겠어요! 불로초가 정말 있다면 늙고 병들고 죽는 인간의 운명에 기적 같은 식물이 될 거예요. 하지만 사람들이 영원히 사는 게 과연 기적이기만 할까요? 함께 생각해 봐요! ^^

✽ 아주 오랜 옛날부터 식물은 약으로 사용되었습니다. 물론 식물의 약 성분을 과학적으로 밝혀 낸 것은 아니었고, 경험을 되짚어 도움이 된 식물들을 약으로 먹었지요.

✽ 하지만 그런 경험이 쌓이고 쌓여 우리 질병이나 건강에 도움을 주는 식물들이 점점 확실히 드러나기 시작했답니다 **소년심마니** 님이 말한 산삼과 같은 약초가 그런 것이죠.

✽ 식물은 현대 의학에서도 없어서는 안 되는 중요한 재료입니다. 그래서 **미래의CEO** 님 말처럼 약을 만들어 파는 제약회사들은 세계 곳곳의 식물 자원에 관심이 많고 적극적으로 연구하고 있답니다.

✽ 여러분도 한 번쯤 들어봤을 아스피린이란 약은 열을 내리고, 염증을 치료하며, 통증을 줄여 주는 것으로 유명합니다. 이 약은 버드나무 껍질에서 뽑아낸 '살리실산'이란 성분으로 만든답니다.

✻ 주목나무 껍질과 열매의 씨에서 뽑아낸 '택솔'이란 물질은 암을 치료하는 데 아주 효과적이라고 합니다. 또한 기나나무 껍질에서 뽑아낸 '퀴닌'이란 물질로 말라리아

를 치료하는데, 오래전 잉카제국에서도 기나나무를 약으로 썼답니다.

✻ 이 밖에도 은행나무 잎에는 혈액 순환에 좋은 성분이 있고, 디기탈리스라는 여러해살이풀의 잎에는 심장병을 치료하는 성분이 있습니다. 세인트존스워트라는 풀은 우울증 치료에 사용된다고 합니다.

✻ 그렇다면 약 2,200년 전 진나라의 시황제가 찾아 헤맸다던 불로초는 과연 있었을까요? 아쉽게도 그 풀을 찾았다는 기록도, 그 풀을 먹고 영원히 산다는 사람도 찾아볼 수가 없답니다. **헛된꿈** 님의 말처럼 허황된 믿음에서 나온 전설일 뿐이라고 생각하는 사람들이 많지요.

✻ 아무튼 정말로 불로초 같은 식물이 발견된다면 고민할 문제도 많아질 것입니다. 영원히 사는 것이 과연 좋은 것인가, 또는 부자들에게만 혜택이 돌아간다면 그것은 공평한 것인가, 하는 점들이죠. 부모님과 이런 점들을 더 깊이 얘기해 봐도 좋을 것 같습니다.

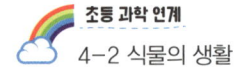

# 식물의 도움을 받고 살아요!

우리가 식물에게 받는 도움은 약뿐만이 아닙니다. 주변을 한번 둘러보세요. 식물을 원료로 하는 많은 생활용품들이 눈에 띄지 않나요?

우선 책상이 나무로 만들어졌군요. 책장의 책들도 나무에서 얻은 종이로 만들어졌죠. 탁자, 옷장, 소파도 나무가 재료이고요. 입고 있는 옷도 목화 솜에서 뽑아낸 실로 짠 것입니다. 냉장고를 열어 보면 김치, 두부, 나물 등 식물성 식품이 기본 반찬이 되는 경우가 많지요.

설마 이런 것까지 식물로 만들었을까, 하고 새삼 놀라는 물건들도 많습니다. 여러분이 쓰는 학용품 중 지우개는 고무나무 수액으로 만든답니다. 고무줄, 타이어 같은 제품도 고무나무 수액이 원료입니다. 또한 이끼를 이용해 부모님이 사용하는 염색약을 만들기도 하고요. 소나무의 송진으로는 접착제를 만들지요.

이 밖에도 식물은 참신한 생각을 떠올리게 해 물건을 발명하는 데 도움을 줍니다. 물방울이 연잎에 스며들지 않고 또르르 떨어져 내리는 것을 보고 방수복을 만들었고, 동물 털에 잘 붙는 도꼬마리 열매의 가시를 보고 여러분 운동화에 많이 있는 벨크로(찍찍이) 테이프를 만들었으니까요! 이렇듯 식물은 아이디어 창고 같답니다!

# 식물도 밤에 잠을 자나요?

꽃님아! 왜 그래?

**미스터리 의뢰자**
꽃님이아빠 님

오늘 새벽이었어요. 한밤중에 깨어 화장실에 다녀오는데, 베란다에 있는 꽃님이가 잘 있는지 궁금하지 뭐예요. 꽃님이는 제가 키우는 하얀색 데이지예요. 그런데 꽃님이가 캄캄한 곳에서 꽃잎을 온통 오므리고 있지 뭐예요. 저는 놀라서 꽃님이를 방에 데리고 들어왔어요. 어둠 속에서 고개를 떨구고 잔뜩 움츠린 모습이 너무 안쓰러웠어요. 어디 아픈 걸까요? 아니면 캄캄한 밤이 무서워서 그런 걸까요? 아니면 그냥 자는 걸까요? 혹시 식물도 밤에 잠을 자나요?

**똘랑맘** 님 _ 잠자는 게 맞는 거 같아요. 우리 집 강아지 똘랑이도 밤이면 자기 집에서 잔뜩 웅크려 자던데, 꽃들도 그런 게 아닐까요?

**꽃님이아빠** 님 _ 그런 거라면 좋겠어요. 꽃님이가 밤이 무서워서 웅크리고 있는 거라면, 그동안 혼자 쿨쿨거리며 잠만 잘 잔 제가 너무 미안해요. ㅠㅠ

**엄마는변신중** 님 _ 밤에는 우리 엄마 얼굴이 변신하던데, 혹시 꽃님이도 그런 거 아닐까요? 낮에는 화려하고 예쁜데, 엄마가 저녁에 세수만 하면 어딘가 피곤해 보이면서 딴사람이 되거든요.

**꽃님이아빠** 님 _ 헐! 우리 엄마도 그래요! 세수하면서 무슨 마법을 거는 걸까요? 예뻐져라, 못생겨져라 하고요?

**엄마는변신중** 님 _ ㅋㅋㅋ 맞아요. 아침 세수하고 거울 앞에서 뭐 이것저것 하고 나면 다시 예뻐지죠. 아마 꽃님이도 아침, 저녁으로 세수를 하는 거 아닐까요?

**골라골라** 님 _ 데이지 꽃은 밤에 오므렸다 낮에 활짝 피고, 달맞이꽃은 낮에 오므렸다 밤에 활짝 피잖아요. 식물은 밤과 낮 중 활동하기 좋은 때를 각자 골라서 꽃을 피우는 거 아닐까요?

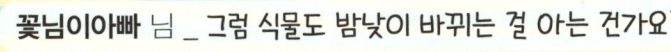
**꽃님이아빠** 님 _ 그럼 식물도 밤낮이 바뀌는 걸 아는 건가요?

**골라골라** 님 _ 햇빛이 있는 낮에 광합성을 하고, 밤에 주로 호흡을 한다는 건 밤낮의 변화를 안다는 거죠.

**쉬어야산다** 님 _ 식물도 밤에 잠을 잔대요. 사람이 대부분 낮에는 함께 모여서 일을 하고 밤에는 다들 헤어져 쉬다가 잠이 들잖아요? 식물도 낮에는 열심히 광합성을 하고 곤충에게 꽃가루도 넘겨주고 하다가 밤에는 쉬면서 자는 거죠.

**꽃님이아빠** 님 _ 우리 꽃님이도 광합성이랑 꽃가루받이 활동을 멈추고 자는 거였군요! 그런데 왜 꽃잎을 오므리고 자는 걸까요? 그냥 자도 되잖아요.

**쉬어야산다** 님 _ 혹시 힘들게 머리 들고 자는 사람 봤어요? 최대한 에너지를 쏟지 않고 쉬어야 잠도 푹 잘 자잖아요. 꽃도 그럴 거 같아요.

### 지니의 미스터리 해결

**꽃님이아빠** 님, 식물에게 쏟는 애정이 남다르네요! ^^ 식물은 소리도 못 내고, 강아지처럼 훈련 시킬 수도 없고, 혼자서 움직이지도 못해 친구가 될 수 없다고 생각할 수 있지요. 하지만 식물도 나름 열심히 일하고 쉬고 자란답니다. 그 작은 변화를 알아채고 사랑을 주는 일은 꽤 신비롭고 즐거운 일이고요!

✽ 대부분의 식물은 밤에는 쉬면서 에너지를 다시 충전합니다. 늦은 밤에 식물을 보면, 대개 잎이 축 처지고 꽃잎이 닫히며 사람이 고개를 떨어뜨리고 조는 것처럼 모습이 변해 있습니다.

✽ 과학자들은 이러한 변화를 식물의 '수면 운동'이라고 부른답니다. **똘랑맘** 님의 말처럼 진짜 잠을 자는 것이 아니라 에너지 사용을 최소한으로 줄이기 위해 모양을 변화시키는 것입니다.

✽ 식물이 밤낮을 구분해 모양을 변화시키는 것은 여러 원인이 있습니다. 우선 밤에 잎이 처지고 꽃잎이 오그라드는 것은 밤과 낮에 따른 빛의 양과 종류, 온도의 차이 등을 감지한다는 뜻입니다.

✽ 햇빛이 있는 낮에는 광합성을 주로 하다가 밤이 되면 낮 동안 만들어 놓은 영양분을 줄기와 뿌리로 옮겨 에너지를 저장합니다. 그리고 이산화탄소를 내놓으며 호흡을 주로 하기 때문에 굳이 에너지를 써 가며 광합성을 하기 위해 잎을 활짝 펼치지 않습니다.

✳ 또한 낮에 활동하는 곤충의 도움으로 꽃가루받이를 하는 식물은 밤에는 꽃잎을 닫아 꽃가루를 보호합니다. 역시나 밤에 꽃잎을 일부러 펼치고 있을 이유가 없는 것이죠.

✳ 데이지 꽃인 꽃님이는 밤에 수면 운동을 하는 특성을 가지고 있으니까 밤에 모든 활동을 잠시 멈추는 것입니다. 동물의 잠과 다르지만 식물로서는 잠을 자며 쉬는 것이라고 말할 수 있지요. 이렇게 밤에 꽃잎을 오므리고 잎이 처지는 식물로 민들레, 나팔꽃, 강낭콩, 자귀나무 등이 있습니다.

✳ 밤에 주로 활동하는 야행성 곤충이 꽃가루받이를 도와주는 꽃들은 반대로 낮에 꽃을 오므리고 밤에 활짝 핀답니다. **골라골라** 님의 말처럼 활동하기 좋은 때를 식물도 각자 선택하는 거죠! ^^

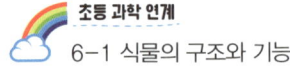

# 식물과 빛 공해

　형광등이나 가로등, 간판의 네온사인이 없었을 때 우리가 사는 지구는 어땠을까요? 해가 뜨면 그제야 여러 활동을 시작할 수 있었고, 해가 지면 어두워져 아무것도 하지 못하고 잠을 청했죠. 그렇게 태양과 달, 별빛이 낮과 밤을 결정했고 그에 따라 사람들의 생활 방식도 정해졌죠.

　하지만 인공조명이 개발되면서 많은 것이 변했습니다. 밤에 일하는 사람들은 잠잘 시간을 뺏기고 생활 리듬이 깨져 건강을 잃는 경우가 많아졌지요. '빛 공해'는 이처럼 인공조명에 의해 사람뿐만 아니라 동물의 활동 그리고 식물의 생장에도 안 좋은 영향을 미치는 것을 말합니다.

　예를 들어, 밤에 쉬어야 할 곤충은 빛 공해 때문에 쉬지를 못해 다음날 낮에 하는 활동이 큰 폭으로 줄어든다고 합니다. 실험에 의하면, 밤에 빛 공해가 있는 곳은 어두운 곳보다 곤충이 낮에 식물을 찾는 횟수가 62퍼센트나 감소한다는군요.

　나무에 전구를 달아 장식하는 것도 실험 결과가 안 좋습니다. 자정이 훌쩍 넘은 시간까지, 또 낮의 길이가 점차 길어지는 봄까지 나무에 전구를 켜두면 나무의 건강에 좋지 않다고 합니다. 나무의 야간 호흡량이 2~4배까지 늘어나 에너지 소비가 커지기 때문이죠. 이렇듯 사람들이 만든 인공조명은 식물에게도 큰 해를 끼치고 있답니다.

# 유전자 변형 콩이 뭐예요?

### 미스터리 의뢰자

**두부한모** 님

저는 두부 요리를 좋아해요. 청국장에 들어간 두부를 밥에 쓱쓱 비벼서 먹으면 꿀맛이죠. 두부 부침도 고소하고, 순두부도 스르륵 입에서 녹아요. 그런데 엄마는 두부를 살 때 유전자 변형 콩으로 만든 건 아닌지 꼭 확인해요. 기름도 유전자를 변형해 만든 카놀라유나 콩기름은 사지 않아요. 이유를 물어보니 그냥 건강에 안 좋을 것 같다고 하시는데, 잘은 모르시나 봐요. 혹시 유전자 변형 콩에 대해 잘 아는 분 있나요? 이름도 참 어렵죠?

 미스터리한 댓글 쓰기

 **아님말고** 님 _ '유전자'는 부모님께 물려받는 어떤 특징 같은 거 아니에요? '변형'은 형태를 바꾼다는 말 같고……. 그럼 특징의 형태를 바꾼 콩? 아님 말고요! 우헤헤!

 **두부한모** 님 _ 특징의 형태를 바꾼 콩이요? 그렇게 풀어서 말하니 더 어려운 거 같아요. ㅠㅠ

 **아님말고** 님 _ '콩은 콩인데 콩의 특징 중 일부를 다른 형태로 바꾼 것'은요? 이것도 아님 말고요! ^^;;

 **똑똑한취두부** 님 _ 혹시 유전자가 변형된 콩은 '취두부' 말하는 거 아닐까요? 취두부는 중국 두부인데 색깔이랑 냄새가 끝내준대요! 원래 두부는 아무 향도 안 나고 색도 하얀색이니까 취두부에 들어간 콩은 유전자든 뭐든 변형시킨 게 분명해요! 아, 나는 너무 똑똑해!

 **두부한모** 님 _ 취두부는 두부를 치즈나 된장처럼 발효시켜서 만든 거잖아요. 게다가 색이랑 냄새가 아주 지독하다는데 그걸로 어떻게 콩기름 같은 걸 만들겠어요? 별로 안 똑똑하신 듯……. ^^;;

 **8시뉴스** 님 _ 앗! 뉴스에서 유전자 변형 돼지로 사람에게 심장 같은 거를 이식할 수 있다고 들었어요. 유전자 변형 콩은 식량 부족을 해결하기 위해서 크기를 더 크게 한다거나 콩깍지에 더 많은 콩이 들어 있게 한다거나 하는 거 아닐까요?

두부한모 님 _ 정말이에요? 믿겨지지 않아요!

8시뉴스 님 _ 사실이겠죠! 믿을 만한 뉴스는 보도 전에 사실인지 아닌지 다 확인하니까요. 그걸 '팩트 체크'라고 하죠!

꼬마생명공학자 님 _ 'GMO 식품'이라는 말은 들어봤어요? 그게 '유전자 변형 식품'이에요. 과학자들이 식물이나 동물의 유전자 중 바꾸고 싶은 부분을 잘라 내거나 다른 유전자를 끼워 넣거나 한 거죠. 그런 원료로 만든 식품이 실제로 나오고 있고요.

두부한모 님 _ 아아, 그런 거군요! 그런데 이런 음식이 왜 안전하지 않다는 걸까요?

꼬마생명공학자 님 _ 그런 식물을 처음 재배해서 먹어 보니까 그런 것 같아요. 뭐 처음은 다 조심스럽잖아요.

**지니의 미스터리 해결**

두부한모 님, 엄마 분께서 가족의 건강을 위해 식품의 원재료에 대해 아주 꼼꼼히 살펴보시는군요. 유전자 변형 식품은 앞으로 더욱 활발히 연구가 진행될 부분인데, 우리가 먹는 음식인 만큼 우리 몸에 안전한지 더 세밀히 검토해야 할 문제랍니다.

✻ 식물은 자신만의 특별한 유전자들을 가지고 있는데 **꼬마생명공학자** 님의 말처럼 그중 몇몇을 빼거나 다른 식물의 유전자를 집어넣어 유전자를 바꾼 것을 '유전자 변형 식물'이라고 합니다.

✻ 그렇다면 왜 굳이 잘 자라고 있는 식물들의 유전자를 변형시키는 걸까요? 콩의 경우는, **8시뉴스** 님의 말처럼 더 많은 콩을 재배해 싸게 팔기 위해서랍니다. 실제로 유전자 변형 식품 중 우리 생활에서 가장 쉽게 자주 먹는 것이 콩이죠.

✻ 콩을 재배할 때 잡초를 없애기 위해 제초제를 뿌리면 잡초와 함께 콩이 죽기도 합니다. 콩 생산량이 줄어들지요. 그래서 유전자 변형으로 제초제에 강한 콩이 나오게 된 것입니다. 지금은 콩 재배 면적의 85퍼센트가 유전자 변형 콩을 키운다니 놀랍지요.

✻ 이러한 콩은 우리가 먹는 콩기름, 간장, 두부, 각종 소스와 첨가물 등에 사용됩니다. 우리나라로 수입되는 콩 대부분이 유전자 변형 콩이니, 알게 모르게 우리는 이미 유전자 변형 콩을 먹어 오고 있는 것이지요.

✻ **꼬마생명공학자** 님이 말한 '지엠오(GMO)'는 영어 'Genetically Modified Organism'의 앞 글자만 가져온 말입니다. 뜻은 '유전자 변형 생물(유기체)'로, 그런 원료가 들어간 식품을 '지엠오 식품'이라고 부릅니다. 식품에 '지엠오 프리(GMO free)'라고 표기되어 있으면 지엠오 성분이 전혀 들어가 있지 않다는 뜻입니다.

✽ 지엠오 식품은 그동안 먹어 보지 못한 식품입니다. 건강을 해치지는 않을지 더욱 조심해야 하지요. 지금 당장 질병이 나타나지 않는다고 해서 안전하다고 말할 수는 없습니다. 어떤 병은 아주 서서히 진행돼 발병하기까지 수십 년이 걸리기도 하니까요.

✽ 환경을 걱정하는 사람들은 이런 유전자 변형 생물이 생태계를 망가뜨린다고 합니다. 실제로 유전자 변형 식물의 꽃가루나 씨앗이 다른 식물로 옮겨 가기도 하고, 천적인 곤충과 동물이 해를 입을 수도 있죠. 또한 제초제에 내성이 생긴 '슈퍼 잡초'가 생겨 더 강한 '슈퍼 제초제'를 만들면, 이에 강한 또 다른 '슈퍼 유전자 변형 식물'을 만들어야 합니다. 이런 것을 악순환이라고 하지요.

✽ 하지만 다른 의견을 가진 이들은 유전자 변형 기술이 폭발적으로 늘어나는 인구에 비해 턱없이 모자란 식량 문제를 해결할 수 있는 유일한 방법이며, 안전하다고 이야기한답니다.

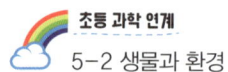

# 식물로 고기를 만든다고?!

요즘 환경과 내 몸 건강을 지키기 위해 고기보다 채소를 먹는 사람들이 늘어나고 있습니다. 하지만 채소 요리를 아무리 맛있게 만들어도 삼겹살이나 스테이크를 먹던 입맛은 변하지 않죠. 그래서 사람들은 연구를 통해 식물로 고기를 만들기 시작했습니다.

이러한 고기를 '대체육'이라고 하는데요. 고기를 대신해 주로 콩의 단백질을 압축해 만든답니다. 또한 고기의 쫄깃한 씹는 맛을 살리기 위해 버섯, 감자, 호박, 곤약, 해조류 등을 이용하지요.

요즘은 코코넛이나 올리브 기름을 이용해 고기의 육즙까지 표현해 낸다고 하는군요. 또한 철분 성분이 내는 비릿한 맛도 혈액 속 헤모글로빈에서 뽑아낸 성분으로 보충한다고 합니다.

그런데 건강을 지키자고 먹는 식물성 대체육의 포화지방이 고기보다 더 많을 수 있고, 자칫 유전자 변형 콩도 들어 있을 수 있답니다. 그러니 건강을 생각한다면 대체육도 잘 골라 먹어야 한다는군요!

# 식물을 치료하는 의사도 있나요?

**미스터리 의뢰자**

그런데 말입니다.

● 그런데말입니다 님

사람은 아프면 병원에 갑니다. 강아지나 고양이도 아프면 동물병원에 가지요. 동물원의 코끼리가 아파도 수의사 선생님이 치료해 줍니다. 그런데 말입니다! 식물이 아프면 어디에 가야 하는 걸까요? 과연 식물을 치료해 주는 사람이 있기나 할까요? 한참을 생각해 봐도 잘 모르겠군요. 꽤 불공평하다는 생각이 듭니다. 흐음, 그런데 말입니다! 식물을 치료하는 식물 의사나 나무를 치료하는 나무 의사를 봤다는 사람들이 있습니다. 정말일까요? 그것이 알고 싶습니다!

**살려내라** 님 _ 헐, 그런 병원이나 의사가 진짜 있다면 우리 집 로즈마리가 이상한 흰 가루의 습격을 받았을 때 당장 달려갔을 텐데요. 으아아앙~~~! 3년 동안 애지중지 키운 우리 로즈마리 살려내라! 살려내라!

**그런데말입니다** 님 _ 호, 혹시 저한테 하는 말은 아니겠지요? 그런데 말입니다! **살려내라** 님의 피해 사건을 보니 꼭 식물 의사를 찾아야겠다는 생각이 더욱 강렬히 드는군요!

**농부의사** 님 _ 어, 이상하다. 식물 의사가 있다고요? 농촌에 가면 농약은 농부들이 다 알아서 뿌리던데요. 그럼 혹시 농부 분들이 식물 의사 아닐까요?

**그런데말입니다** 님 _ 그런데 말입니다! 의사는 어떤 자격증이 있어야 하는 거 아닌가요?

**농부의사** 님 _ 자격증은 없어도 키우는 농작물에 대해서는 농부 분들이 제일 잘 알고 있잖아요. 병도 직접 진단하고, 농약 처방도 직접 내리고, 치료도 직접 하고요.

**그런데말입니다** 님 _ 뭐, 그러고 보니 말이 되는 소리긴 합니다. 그런데 말입니다! 농약은 잘못 사용하면 꽤 위험한 약 아닙니까? 그렇다면 따로 식물 의사가 꼭 필요할 것 같다는 생각이 더욱더 많이 드는군요.

**목격자 님 _** 저는 공원에서 식물 의사를 직접 본 거 같아요. 어떤 사람이 소나무의 썩은 부분을 다 파내고 거기에 무언가를 채워 넣던데요. 물어보진 않았지만 그분이 식물 의사일 거 같아요. 그리고 아픈 사람들이 맞는 링거 주사 같은 걸 가로수가 맞고 있는 것도 봤어요!

**그런데말입니다 님 _** 링거라면 수액 주사 같은 거 말이죠? 오오, 드디어 식물 의사의 정체가 밝혀지는 것 같습니다. 그런데 말입니다! 그분의 인상착의가 어떻던가요? 혹시 자격증 같은 것도 보셨나요?

**목격자 님 _** 음, 자격증은 못 봤지만 인상은 아주 착하게 그리고 똑똑하게 생기셨어요.

**그런데말입니다 님 _** 보고 있나요? 착하고 똑똑하게 생기신 분! 미차클에 있다면 지금 바로 연락해 주십시오!

### 지니의 미스터리 해결

**그런데말입니다 님,** 식물 의사를 애타게 찾고 계시는군요. 맞아요, 식물이 이유도 없이 시들고 썩어 가거나 하면 애가 타죠. 동물처럼 수의사가 진료하는 동물병원이 있는 것도 아니고, 어디로 가서 도움을 청해야 할지 막막할 것입니다. 그런 의미에서 저도 식물 의사가 꼭 있었으면 좋겠습니다!

✽ 아쉽게도 지금은 식물 의사에 관한 전문적인 자격시험 같은 것은 없습니다. 대신 **농부의사** 님의 말처럼 식물 중 우리가 먹는 농작물의 질병은 주로 농부 분들이 오랜 시간 경험에서 우러나온 지식으로 대처하고 있을 뿐입니다. 또는 학교나 기관에서 식물에 대해 가르치고 연구하는 분들이 식물 의사의 역할을 대신하고 있답니다.

✽ **목격자** 님이 공원에서 목격하신 분은 아마도 나무 의사일 것 같습니다. 나무 의사는 전문적인 시험에 합격해야 자격증이 주어집니다. 나무의 잎이나 줄기 등의 모양과 색을 보고 평소와 다른 점을 알아차려야 하고요. 아프다는 신호일 수 있으니까요.

✽ 나무 의사는 무엇보다 각각의 나무들의 특성과 해충에 대해서도 잘 알고 있어야 합니다. 나무에 따라 병을 일으키는 벌레나 세균, 바이러스 등이 다르며, 나타나는 증상도 다르기 때문입니다.

✽ **목격자** 님이 공원에서 본 모습은 나무를 수술하는 것입니다. 이가 썩으면 치과 의사 선생님이 썩은 부분을 파내고 다른 물질로 채워 넣듯이, 나무도 썩은 부분을 도려내고 나무에 해가 되지 않는 물질로 채워 넣는 것입니다. 그리고 나무껍질과 비슷한 물질을 발라 세균이나 벌레가 침투하는 것을 막는답니다.

＊ 나무 의사와 비슷한 직업으로 원예기능사, 식물보호기사가 있습니다. 모두 자격시험을 봐야 하지요. 대부분 농업과 꽃에 관련된 식물이 잘 자라도록 보호하는 역할을 한답니다. 이들과 함께 식물 방역과 식물 의학 쪽에서 연구하는 분들이 식물 의사의 역할을 대신하고 있습니다.

＊ 가뭄, 홍수, 지구 온난화 등 기후 변화가 심상치 않고, 더불어 식물들이 자라나는 환경도 빠르게 변해 멸종 위기 식물들도 나날이 늘어가고 있는데요. 그래서 앞으로는 식물 의사가 더 많이 필요할지도 모릅니다.

＊ 게다가 농약은 위험한 물질인데도 아무나 살 수 있는 게 현실입니다. 동물을 치료하는 수의사처럼 적절한 진단과 처방을 위해 좀 더 전문적인 지식을 가진 식물 의사와 병원이 하루빨리 많아졌으면 좋겠네요!

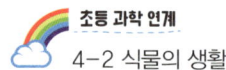

# 화분 병원이 있다고요?!

**살려내라** 님처럼 키우는 식물이 아플 때는 참 난감합니다. 로즈마리에 생긴 병은 흰가루병인 것 같습니다. 습한 환경에서 곰팡이가 일으키는 병이랍니다. 하지만 대부분은 식물이 왜 아픈지 알 수가 없습니다. 아픈 것도 모르고 내버려두다가 손쓸 수 없을 정도가 되어서야 발만 동동 구르죠. 주위에서 식물 전문 병원을 쉽게 찾아볼 수가 없으니까요.

그런데 대전에는 시청에서 2013년부터 운영하는 화분 병원이 있다고 합니다. 식물에 대해 전문적인 지식을 가진 분이 식물 의사로 근무하고 있지요. 집에서 키우는 식물이 아플 때 이곳 화분 병원에 가져오면 식물이 앓고 있는 병을 진단하고 적절한 방법으로 치료해 줍니다. 영양제를 주거나, 해충도 없애 주고, 분갈이와 가지치기, 키우는 방법까지 친절히 알려 준다고 하는군요.

이곳에는 크기와 종류에 따라 아픈 식물들을 나누어 놓아서 각각 좋아하는 온도와 습도, 빛 등을 잘 조절해 준다고 합니다. 입원실은 물론이고 퇴원을 준비하는 퇴원실까지 따로 있다고 하는군요! 식물을 키우는 데 익숙하지 못한 어린이들을 위해서라도 앞으로 이런 식물 병원들이 많이 생겼으면 좋겠습니다.

# 어버이날엔 왜 꼭 카네이션을 선물해요?

**미스터리 의뢰자**
금강초롱 님

　세상에 예쁜 꽃이 얼마나 많은데, 해마다 어버이날에는 왜 카네이션만 선물하는 거예요? 우리 엄마는 꽃 중에 해바라기가 제일 좋다고 하고, 아빠는 민들레가 제일 좋다고 하던데요. 좋아하는 꽃을 선물해 드리면 더 의미 있는 거 아닐까요? 개인적으로 저는 우아한 보랏빛의 금강초롱이 제일 좋지만 꽃집에서 안 팔더라고요. ㅠㅠ 아무튼 올해도 어버이날 감사의 선물을 드려야 하는데, 왜 꼭 카네이션만 선물해야 하는 건지 정말 궁금해요.

**아이디어뱅크** 님 _ 에이, 생각을 해 보세요. 해바라기는 키가 너무 크고, 민들레는 키가 너무 작잖아요. 꽃다발을 만들려면 가지를 적당한 길이에서 잘라야 하는데, 그게 안 되잖아요.

**금강초롱** 님 _ 앗! 그렇네요. 그러고 보니 해바라기나 민들레 꽃다발은 못 본 거 같아요.

**아이디어뱅크** 님 _ 아니면, 화분에 해바라기 씨를 심어 드리는 건 어때요? 물을 줄 때마다 "엄마 아빠, 사랑해요." 말하면서 정성 들여 키우는 거죠.

**금강초롱** 님 _ ㅋㅋㅋ 좋은 생각이에요!

**텅빈머리** 님 _ 카네이션처럼 무슨 날에는 무슨 꽃, 이렇게 정해져 있으면 저는 선물 고민 같은 거 안 해도 돼서 오히려 좋던데요. 그런데 금강초롱도 꽃이에요? 처음 들어요. 그런데 왜 꽃집에서 안 팔아요?

**금강초롱** 님 _ 저는 선물 받을 사람이 기뻐할 상상을 하면서 선물을 고르는 걸 좋아해요. ^^ 금강초롱은 이름도 참 예쁘죠? 우리나라 높은 산에서만 사는 귀한 꽃이래요!

**텅빈머리** 님 _ 그걸 캐서 비싸게 주고 팔면 되잖아요.

**금강초롱** 님 _ 그건 자연을 훼손하는 일이잖아요. ㅠㅠ 닉네임처럼 생각을 정말 아예 안 하고 사시는 듯~~~!

**아들날은왜없냥** 님 _ 우리나라는 어버이날이지만 미국에는 어머니날이 있대요. 미국의 어머니날을 만든 사람이 어머니날 행사에서 카네이션을 어머니들께 주기 시작한 것이 전 세계로 퍼져 나갔다고 하던데요.

**금강초롱** 님 _ 어머! 그런가요? 처음 들어보는 얘기예요. 그런데 왜 하필 그분은 그 많은 꽃들 중에서 카네이션을 준 걸까요?

**아들날은왜없냥** 님 _ 그분의 어머니가 좋아하던 꽃이 카네이션이래요. 마침 꽃말을 찾아보니 카네이션은 '모정' 그러니까 '엄마의 사랑'이네요.

**금강초롱** 님 _ 아, 맞다! 꽃말이 있었죠! 이렇게 알고 보니 더 뜻깊은 것 같아요! 고마워요, **아들날은왜없냥** 님~~~! ㅋㅋㅋ

**지니의 미스터리 해결**

**금강초롱** 님, 엄마 아빠를 사랑하는 마음이 초롱불처럼 반짝반짝 빛납니다! 아이, 눈 부셔! ^^;; 틈틈이 모은 용돈으로 카네이션을 사서 선물하는 것도 좋지만, 직접 색종이로 만들어 드리는 건 어떨까요? 부모님도 그걸 더 좋아할 거 같아요!

✱ 아주 오래전부터 사람들은 주위의 꽃들을 보고 여러 감정을 느껴 왔습니다. 꽃의 모양과 색깔, 분위기가 꼭 자신의 감정을 대신한다고 생각했지요. 그런 특별한 감정을 표현하는 데 꽃을 이용하기 시작했고, 꽃말을 붙여 의미를 더 확실하게 하기도 했답니다.

✱ **아들날은왜없냥** 님의 말처럼 어버이날에 카네이션을 선물하는 전통은 100여 년 전 미국에서 시작되었습니다. 미국의 교사이자 사회운동가인 '애나 자비스'란 여성은 자신의 어머니가 해 오던 여성과 아이들을 위한 사회운동을 이어받으며, 어머니의 숭고한 희생을 기념하는 날을 만들어야 한다고 주장했답니다.

✱ 애나 자비스의 어머니가 돌아가시고 몇 해 후에 드디어 고향에서 첫 번째 어머니날 행사가 열렸는데, 어머니가 좋아했던 카네이션을 그날 참석한 500명의 어머니에게 선물했다고 하는군요.

✱ 이후 미국 의회는 5월 둘째 주 일요일을 어머니날로 정했고, 이날은 세계 100여 개국으로 퍼져 나갔습니다. 우리나라도 1956년부터 매년 5월 8일을 어머니날로 지정했다가, 1973년에 부모와 조부모를 공경하는 '어버이날'로 이름을 바꿨다고 합니다.

✽ 훗날 애나 자비스는 어머니날 폐지 운동을 했답니다. 왜냐고요? 사람들이 정작 그날의 의미를 되새기기보다는, 꽃을 파는 기업과 카드를 만드는 회사만 배 불리는 날이 되었기 때문이죠.

✽ 돈으로 쉽게 꽃을 사는 것보다 종이로 직접 꽃을 만들어 주는 것은 꽤 의미 있지요. 그런 의미에서 씨를 심어 드리자는 **아이디어뱅크** 님의 생각도 아주 좋은 것 같아요.

✽ 졸업식이나 입학식을 축하할 때 많이 주는 노란 프리지어는 꽃말이 '당신의 앞날'입니다. 하얀 국화는 예전부터 엄숙함, 고결함을 상징해 돌아가신 분을 애도하기 위한 꽃으로 적당하지요. 모두 그날의 분위기와 감정을 상징하는 것입니다.

✽ 참, 금강초롱은 우리나라에만 있는 소중한 야생화랍니다. 함부로 캐거나 훼손하면 세계 어디에서도 금강초롱을 볼 수 없게 되니, 세심히 보호해야 한답니다!

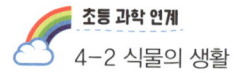

# 할미꽃 전설

혹시 할미꽃을 본 적 있나요? 할미꽃은 주로 양지바른 무덤가에서 핀답니다. 줄기와 잎, 꽃에 흰색 잔털이 보송보송하게 덮여 있고, 꽃은 붉은 자주색이며, 열매는 길고 흰 털로 덮여 있어요. 게다가 줄기가 꼬부랑 할머니의 허리처럼 굽어져 꼭 할머니 모습 같지요. 이런 애잔한 모습의 할미꽃은 전설로도 유명합니다.

아주 먼 옛날, 한 할머니가 손녀 셋을 키우며 산골 마을에 살고 있었어요. 첫째와 둘째는 얼굴이 예쁘나 자기들만 알았고, 막내는 얼굴은 수더분해 보여도 마음은 비단결 같았답니다.

어느덧 손녀들이 결혼할 나이가 되었습니다. 욕심 많은 첫째와 둘째는 미련 없이 부잣집에 시집을 갔고, 할머니를 모시려던 막내는 할머니의 성화에 가난하지만 성실한 산지기에게 시집을 갔습니다.

세월이 흘러 할머니의 허리는 굽고, 머리는 백발이 되었습니다. 손녀들의 보살핌이 필요했죠. 할머니가 노쇠한 몸을 이끌고 찾아갔지만, 첫째도 둘째도 갖은 핑계를 대며 할머니를 돌려보냈습니다. 할머니는 하는 수 없이 산꼭대기의 막내 집으로 향했습니다. 겨울 산은 춥고 험했습니다. 할머니는 결국 쓰러져 돌아가셨답니다.

얼마 후 할머니를 발견한 막내는 슬피 울며 양지바른 곳에 무덤을 만들었습니다. 이듬해 봄 그 무덤가에 꽃 한 송이가 피었습니다. 바로 할미꽃이었죠. 할미꽃의 꽃말은 '공경'이랍니다.

# 반려식물로 뭐가 좋을까요?

**미스터리 의뢰자**
**처음**
● 식물은처음이라 님

사실은 강아지나 고양이 같은 반려동물을 키우고 싶었어요. 그런데 엄마는 식물부터 키워 보래요. 식물을 책임감 있게 키워 내면 그때 반려동물을 키우게 해 주겠대요. 사실 제가 좀 산만한 편이거든요. 뭔가를 오래 꾸준히 못한대요. 그래서 식물 키우는 게 좀 겁이 나요. 물 주는 것도 잊어버리고 놀기만 하면 어떡하죠. ㅠㅠ 그래서 좀 키우기 쉬운 식물로 시작해 보려고 합니다. 저 같은 어린이한테 반려식물로 과연 뭐가 좋을까요?

**산소같은여자** 님 _ 산세베리아 어때요? 잎이 커서 미세먼지나 화학 물질을 잘 흡수하고 산소도 많이 내뿜는대요. 깨끗한 공기를 마시면 집중도 잘되고, 무엇보다 피부에도 짱 좋답니다! 오호호홍~!

**식물은처음이라** 님 _ 정말요? 그럼 엄마가 더 좋아하겠어요!

**산소같은여자** 님 _ 그럼요! 공기 정화 식물을 키우면 저처럼 맑고 투명한 피부를 가질 수 있어요! 오호호홍~!

**하품나온다** 님 _ 어려울 게 뭐 있나요? 물 주고 햇빛 보여 주면 끝 아닌가요? 하지만 고양이처럼 놀아 줄 수도 없고 너무 지루할 거 같아요.

**식물은처음이라** 님 _ 역시 그럴까요? 저도 지루한 건 못 참거든요. 키우다가 포기하면 안 되는데, 고민됩니다~~~!

**오남매엄마** 님 _ **하품나온다** 님, 식물 안 키워 봤죠? 키워 보면 그렇게 말 못하죠. 저는 다육이 둘, 파리지옥 하나, 율마 하나, 고무나무 하나를 키우고 있는데, 아주 손이 많이 가요. 오 남매가 각자 좋아하는 온도와 햇빛, 물 주는 횟수와 방법이 모두 다르답니다.

**꿩먹고알먹고** 님 _ 요리를 좋아하시면 허브를 키우는 건 어때요? 키우다가 바로 잎을 따서 요리 재료로 이용할 수 있거든요. 이런 게 '일석이조', '꿩 먹고 알 먹고'죠!

**식물은처음이라** 님 _ 우리 엄마도 베란다에서 바질을 키워서 파스타 만들 때 넣어요. 그런데 허브는 키우기 어렵지 않나요?

**꿩먹고알먹고** 님 _ 햇빛하고 바람만 잘 들면 돼요.

**피고또피고** 님 _ 튤립은 어때요? 아무래도 꽃이 피는 식물이 더 예쁘잖아요. 튤립은 알뿌리만 잘 관리하면 다음해에 또 핀답니다.

**식물은처음이라** 님 _ 좋네요! 그런데 키우기 어렵지 않아요?

**피고또피고** 님 _ 꽃은 2~3월에 피고 4월이면 져요. 6월 초쯤 잎이 모두 시들면 알뿌리를 캐서 서늘한 곳에 잘 보관했다가 가을쯤 적당히 물을 주기 시작하면 다음해 봄에 꽃이 또 핀답니다. 참 쉽죠?

**식물은처음이라** 님 _ 헉! 뭐가 쉬워요? 엄청 어려워요! 히잉, 내 반려식물아! 어디 있는 거니?

**지니의 미스터리 해결**

**식물은처음이라** 님, 반려식물을 애타게 찾는군요. 잘 생각했어요! 식물은 소리도 못 내고 움직이지도 못해 키우는 즐거움이 없을 것 같지만 그렇지 않아요. 키우고 있는 식물에 대해 미리 잘 알아 두고 매일 살펴봐 준다면 큰 문제는 없을 거예요! 식물 초보 분들은 다음에서 말하는 점들을 기억하고 있으면 된답니다!

✻ 식물을 처음 키우면 물을 자주 줘야 식물이 잘 자란다고 생각하기 쉽습니다. 수분이 너무 많으면 짓물러서 죽을 수 있는데 말이죠. 반대로 수분이 너무 없으면 말라서 죽고요. 초보자들의 흔한 실수죠.

✻ 대부분의 식물은 겉흙에서 2센티미터 가량 말라 있을 때 물을 주면 됩니다. 하지만 실내 습도와 계절에 따라 적절히 조절해야 한답니다. 또 선인장의 경우는 물 주는 간격을 길게 잡아야 하고요.

✻ 온도도 중요합니다. 식물마다 좋아하는 온도가 따로 있기 때문입니다. 잎이 넓은 관엽 식물은 대부분 더운 지방에서 온 것들로 온도가 10도 아래로 내려가지 않도록 해야 합니다.

✻ 하지만 꽃이나 열매를 맺는 식물들은 따뜻한 곳에만 두면 꽃과 열매가 건강하게 맺히지 못하는 경우가 있습니다. 이 경우에는 밤에는 서늘한 곳에 두고 낮에는 따뜻한 곳에 두어 일교차를 주면 좋습니다.

✽ 식물은 대부분 햇빛을 좋아하지만, 너무 강한 햇빛은 다육식물 이외에는 피하는 게 좋습니다. 하루에 적어도 3~4시간 햇빛을 보여 주고, 해가 잘 드는 곳을 따라 식물을 옮겨 주도록 합니다.

✽ 화분을 갈아 줘야 한다면, 플라스틱보다는 흙으로 만든 토분에 물 빠짐이 좋은 흙과 비료 성분이 포함된 흙을 7:3 비율로 섞어 줍니다. 또한 봄철에 적당한 영양제나 비료를 주면 성장에 도움이 됩니다. 하지만 겨울철이나 화분을 갈아 준 후처럼 식물이 쉬면서 자리를 잡아야 할 때는 비료를 주지 않는 것이 좋다는군요.

✽ **하품나온다** 님, **오남매엄마** 님의 말이 이제 이해가 가지요? 어쩌면 식물을 키우는 것은 동물보다 더 어려울 수 있습니다. 하지만 식물에 대해 알아 갈수록 반려식물을 키우는 재미가 아주 쏠쏠할 거예요.

✽ 그럼 과연 어린이들이 키우기에 좋은 식물은 뭐가 있을까요? 우선 물 주기 간격이 긴 다육식물을 추천할 수 있지만, 키우려는 식물에 대해 잘 알아본 후라면 어떤 식물이든 마음에 드는 것을 고르면 된답니다!

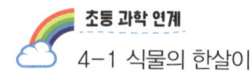

# 작고 귀여운 다육이 키우기!

　요즘 인기 있는 식물 중 하나가 다육식물입니다. 앙증맞은 화분에 작고 귀여운 잎들을 오밀조밀 매단 모습 때문에 '다육이'라는 애칭으로 부르기도 하지요. 하지만 가시 돋친 선인장이나 잎이 커다란 산세베리아, 밥상에 반찬으로 오르는 돌나물도 다육식물에 속한답니다.

　다육식물은 원래 사막이나 높은 산, 바닷가에 살기 때문에 부족한 물을 잎, 줄기, 뿌리에 저장합니다. 통통하고 윤기 있는 잎이 꽃 모양으로 나기도 하고, 가을이면 단풍처럼 붉게 물들기도 해 보는 즐거움이 있답니다.

　물을 자주 안 주니 키우기 좋다고 하지만, 사실은 그런 말 때문에 낭패를 보는 경우가 많습니다. 다육식물은 보통 한 달에 한 번 정도 물을 주지만, 일일이 속흙까지 말랐는지 확인하고 결정하는 것이 좋습니다. 물을 주기 전에 잎이 아직 싱싱해 보이면 물 주는 것을 늦춰도 되고요. 자칫 물을 잎에 뿌리거나, 화분의 물이 잘 빠져나가지 못하면 금방 무르고 썩어 버린답니다.

　다육식물은 햇빛을 좋아해 하루 6시간 정도는 창가에 놓아두는 것이 좋습니다. 작은 화분이 흘러넘치게 잎과 줄기가 무럭무럭 자라는데, 웃자란 것들은 잎이나 줄기를 잘라서 새 화분에 번식시킬 수도 있지요!

# 식목일은 왜 필요한 거예요?

**미스터리 의뢰자**
나무부자 님

우리 동네에는 나무들이 꽤 많아요. 공원도 있고, 높지는 않지만 산도 있고, 가로수도 있고요. 그런데 해마다 4월 5일이면 왜 또 나무를 심는 거예요? 나무가 그렇게 우리 생활에 중요한가요? 할아버지가 그러시는데 옛날에는 군인도 선생님도 학생들도 이날에는 모두 산이나 들판으로 나가 나무만 심었대요. 뭐, 가족과 친구들이랑 다 같이 나무를 심으러 간다면 재밌을 거 같긴 해요. ^^ 아무튼 식목일이 꼭 있어야 하는 거 맞나요?

**벌거숭이산** 님 _ 어, 이상하다~. 농촌에 사시는 할머니 댁 가는 길에 보면 산이 휑하던데요. 흙이 다 드러난 산 중턱에 포클레인 여러 대만 덩그러니 있는 것도 많이 봤어요.

**나무부자** 님 _ 정말요? 사실이라면 저는 나무가 많은 동네에서 사는 게 맞나 봐요.

**벌거숭이산** 님 _ 예전에는 산이 더 헐벗은 민둥산이었대요. 그나마 지금은 많이 나아진 거라고 해요.

**꺼진불도다시보자** 님 _ 저는 강원도에 사는데 해마다 봄에 산불이 얼마나 많이 나는지 몰라요! ㅠㅠ 아무리 나무를 많이 심는다고 해도 누군가 버린 담배꽁초 하나면 순식간에 잿더미가 된다고요. 정말 산불이 얼마나 무서운지, 말도 말아요!

**나무부자** 님 _ 헉! 뉴스에서 봤어요. 지난 번 산불은 일주일 동안 계속 됐잖아요! 보기만 해도 정말 무서웠어요. ㅠㅠ

**꺼진불도다시보자** 님 _ 일주일이 뭐예요. 잔불 정리까지 한 달 내내 걸린 적도 있어요! 동네 산 하나가 순식간에 없어지는 건 물론이고, 마을 사람들이 불을 피해 집을 떠나야 했을 정도니 말 다했죠, 뭐!

**나무부자** 님 _ 고생 많았어요~. 나무뿐만 아니라 야생동물도 많이 다쳤을 거 같네요. ㅠㅠ

 **나무방패** 님 _ 요즘 미세먼지도 많고, 홍수도 자주 발생하잖아요. 그럴 때 나무가 많아야 공기가 깨끗해지죠. 또 나무가 물을 흡수하고 나무뿌리가 흙을 꽉 잡고 있어 홍수로 인한 산사태도 덜 나요. 나무가 자연재해 방패가 되는 거죠!

 **나무부자** 님 _ 그렇군요. 방패가 되어 주는 나무를 생각하니 왠지 믿음직한 지구 용사들 같기도 해요! ^^

 **나무방패** 님 _ 게다가 점점 높아지는 지구의 온도를 낮추는 역할도 해요. 나무가 숨을 쉬면서 내뿜는 수증기가 주변의 온도를 낮추는 거죠.

 **나무부자** 님 _ 우리 엄마도 그랬어요! 우리 동네는 나무가 많아서 그런지 여름에 그늘도 많고 시원한 편이라고요. 나무는 많을수록 무조건 좋은 거 같아요! 식목일은 정말 꼭 있어야겠네요!

### 지니의 미스터리 해결

**나무부자** 님의 닉네임을 보니까 왠지 부럽습니다. 저도 나무가 많은 동네에서 살았으면 좋겠네요. 하지만 저는 사막이 고향인 램프의 요정 지니라서……. -_-;; 게다가 기후 위기로 사막은 점점 더 늘어나고 있죠. 아무튼 **나무부자** 님의 의뢰 덕분에 나무의 소중함을 다시 한번 더 느낄 수 있었습니다. 고마워요! ^^*

✳ **벌거숭이산** 님의 말처럼 우리나라를 비롯한 세계 곳곳의 숲과 산이 파헤쳐져 공사가 한창입니다. 대부분 공장을 짓거나 도로를 만들고, 사람들이 휴가를 보내기 위한 리조트를 짓죠. 아니면 가축을 키우기 위해, 또는 사람과 가축이 먹을 작물을 재배하기 위해 나무를 베어 버린답니다.

✳ 우리나라는 옛날부터 나무를 땔감으로 사용해 왔고, 주로 나무에서 건축 재료와 종이, 여러 생활용품을 얻어 왔습니다. 그래서 우리의 산은 더욱 헐벗을 수밖에 없었지요.

✳ 나무의 필요성을 절실히 깨달은 우리나라는 1949년부터 4월 5일을 나무를 심는 식목일로 정하기에 이르렀습니다. 더 이상 뒷짐 지고 지켜볼 수만은 없었던 것이죠. 하지만 안타깝게도 6.25전쟁을 겪으면서 산은 더욱 상처투성이가 되었답니다.

✻ 전쟁이 끝나자, 식목일은 더욱 중요하게 여겨져 온 국민이 나무를 심는 데 함께했습니다. 그 덕분에 지금처럼 푸른 산과 숲을 가지게 된 것이고요. 하지만 **꺼진불도다시보자** 님의 말처럼 몇십 년씩 정성 들여 키운 나무가 산불로 한순간에 재가 되기도 했답니다.

✻ 그렇기 때문에 식목일은 꼭 필요한 날이기도 하지만, 나무 심기를 식목일 하루에 의지하는 것은 위험한 생각입니다. 일 년 내내 나무를 심고 가꾸는 일에 온 정성을 다해야 하는 것이지요. 게다가 기후 변화에 대응하기 위해 전 세계는 2050년까지 1조 그루의 나무를 심자고 약속했답니다. 우리나라도 2050년까지 30억 그루의 나무를 심겠다고 발표하였고요.

✻ 혹시 '바다 식목일'이 있다는 것도 아나요? 바다에서 육지의 나무만큼 중요한 것이 다시마, 감태, 모자반 같은 해조류인데, 오염과 기후 온난화로 점점 줄어들고 있다고 합니다. 그 속에서 살아가야 할 바다 생물도 마찬가지죠. 그래서 우리나라는 매해 5월 20일을 바다 식목일로 지정해 바다 숲을 살리기 위해 노력하고 있답니다!

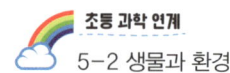
5-2 생물과 환경

# 케냐의 숲을 살린 '왕가리 마타이'

　왕가리 마타이는 케냐의 환경운동가예요. 케냐의 여자아이들은 대부분 교육도 제대로 못 받고 농사일을 해야 했어요. 하지만 마타이는 지혜로운 어머니 덕분에 학교에 다녔고, 박사 학위를 따서 교수도 되었어요. 아프리카에서는 매우 드문 일이었죠.

　마타이가 미국 유학을 마치고 돌아와 보니, 케냐는 아주 삭막했어요. 나무들이 거의 다 베어지고, 여자들은 물을 긷고 땔감을 구하기 위해 멀고 먼 길을 걸어야 했습니다. 많은 사람들이 영양 부족과 가난으로 힘들었지요.

　마타이는 뭔가를 시작해야 한다고 생각했습니다. 그것은 바로 한 그루의 나무를 심는 일이었어요. 환경이 파괴되면서 물이 부족해지고, 경작지나 일자리가 없어지면서 주민들의 삶도 파괴된다고 생각했답니다.

　마타이의 생각은 맞아떨어졌고, 나무 심기 운동은 성공했어요! 마타이의 운동으로 케냐에 심어진 나무만 해도 4,000만 그루나 되었습니다. 사람들은 마타이의 운동을 통해 일하게 됐고, 교육을 받았으며, 평화를 얻고, 환경까지 지키게 되었답니다.

　2004년 왕가리 마타이는 노벨평화상을 받았어요. 마타이는 지금까지 '나무의 어머니'란 별명으로 불리며, 세계 각지에서 존경을 받고 있답니다!

물음표 많은 어린이들을 위한
## 미스터리 차일드 클럽 03 식물
ⓒ 한정희 · 유재영 2023

초판1쇄 인쇄 2023년 4월 4일
초판1쇄 발행 2023년 4월 17일

글  한정희
그림 유재영
감수 신원섭

펴낸이 김재룡
펴낸곳 도서출판 슬로래빗

출판등록 2014년 7월 15일 제25100-2014-000043호
주소 (04790) 서울시 성동구 성수일로 99 서울숲AK밸리 1501호
전화 02-6224-6779
팩스 02-6442-0859
e-mail slowrabbitco@naver.com
블로그 http://slowrabbitco.blog.me
포스트 post.naver.com/slowrabbitco
인스타그램 instagram.com/slowrabbitco

기획 강보경    편집 김가인    디자인 변영은 miyo_b@naver.com

값 13,000원
ISBN 979-11-86494-87-5 73480

• 잘못된 책은 구입하신 곳에서 바꾸어 드립니다.
• 저자와 출판사의 허락 없이 내용의 일부를 인용, 발췌하는 것을 금합니다.
• 슬로래빗은 독자 여러분의 다양하고 참신한 원고를 항상 기다리고 있습니다.
보내실 곳 slowrabbitco@naver.com

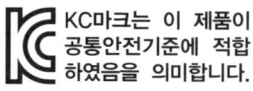
KC마크는 이 제품이 공통안전기준에 적합 하였음을 의미합니다.

제조사명 슬로래빗
전화번호 02-6224-6779
제조년월 발행일에 표기
제조국명 대한민국
주소 서울시 성동구 성수일로 99 서울숲AK밸리 1501호
사용연령 7세 이상